KU-444-764

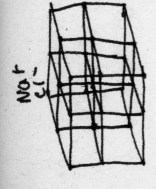

Not
cc-

COLLECTION FOLIO

Paul Claudel

de l'Académie française

L'annonce faite à Marie

VERSION DÉFINITIVE
POUR LA SCÈNE

Gallimard

© *Éditions Gallimard, 1940.*

PERSONNAGES

ANNE VERCORS

JACQUES HURY

PIERRE DE CRAON

LA MÈRE

VIOLAINE

MARA

COMPARSES

PROLOGUE

Le décor est le même pour les deux premiers actes et le prologue : il est emprunté au hall d'un manoir anglais datant de 1240 et demeuré intact depuis cette date : Stocksey Hall. Il y a un crucifix sur le mur côté cour. — Des indications spéciales seront données pour l'acte III.

Pierre de Craon, une lanterne à la main, traverse la scène se dirigeant vers la porte côté cour.

VIOLAINE

Tout beau, maître Pierre! Est-ce ainsi qu'on décampe de la maison comme un voleur sans saluer honnêtement les dames?

Violaine va chercher du feu à la cheminée et s'en sert pour allumer le cierge devant le crucifix.

PIERRE DE CRAON

Violaine, retirez-vous. Il fait nuit pleine

encore et nous sommes seuls ici tous les deux.

Et vous savez que je ne suis pas un homme tellement sûr.

VIOLAINE

Je n'ai pas peur de vous, maçon! N'est pas un mauvais homme qui veut!

On ne vient pas à bout de moi comme on veut!

Pauvre Pierre! vous n'avez même pas réussi à me tuer.

Avec votre mauvais couteau! Rien qu'une petite coupure au bras dont personne ne s'est aperçu.

PIERRE DE CRAON

Violaine, il faut me pardonner.

VIOLAINE

C'est pour cela que je suis ici.

PIERRE DE CRAON

Vous êtes la première femme que j'aie touchée. Le diable m'a saisi tout d'un coup, qui profite de l'occasion.

VIOLAINE

Mais vous m'avez trouvée plus forte que lui!

PIERRE DE CRAON

Violaine, je suis ici plus dangereux qu'alors.

VIOLAINE

Allons-nous donc nous battre de nouveau?

PIERRE DE CRAON

Ma seule présence par elle-même est funeste.

VIOLAINE

Je ne vous entends pas.

Silence.

PIERRE DE CRAON

N'avais-je pas assez de pierres à assembler
et de bois à joindre et de métaux à réduire?
    Mon œuvre à moi, pour que tout d'un coup,
    Je porte la main sur l'œuvre d'un autre et
convoite une âme vivante avec impiété?

VIOLAINE

Dans la maison de mon père et de votre
hôte! Seigneur! qu'aurait-on dit si on l'avait
su? Mais je vous ai bien caché.
    Et chacun comme auparavant vous prend
pour un homme sincère et irréprochable.

PIERRE DE CRAON

Dieu juge le cœur sous l'apparence.

VIOLAINE

Ceci restera donc à nous trois.

PIERRE DE CRAON

Violaine!

VIOLAINE

Maître Pierre?

PIERRE DE CRAON

Mettez-vous là près de ce cierge que je vous
regarde bien.

Elle se place en souriant sous le crucifix.
Il la regarde longuement.

VIOLAINE

Vous m'avez bien regardée?

PIERRE DE CRAON

Qui êtes-vous, jeune fille, et quelle est donc
cette part que Dieu en vous s'est réservée,
Pour que la main qui vous touche avec désir
et la chair même soit ainsi
Flétrie, comme si elle avait approché le
mystère de sa résidence?

VIOLAINE

Que vous est-il donc arrivé depuis un an?

PIERRE DE CRAON

Le lendemain même de ce jour que vous
savez...

VIOLAINE

Eh bien?

PIERRE DE CRAON

... J'ai reconnu à mon flanc le mal affreux.

VIOLAINE

Le mal, dites-vous? Quel mal?

PIERRE DE CRAON

La lèpre même dont il est parlé au livre de
Moïse.

VIOLAINE

Qu'est-ce que la lèpre?

PIERRE DE CRAON

Ne vous a-t-on jamais parlé de cette femme
autrefois qui vivait seule dans les roches du
Géyn
Toute voilée du haut en bas et qui avait une
cliquette à la main?

VIOLAINE

C'est ce mal-là, maître Pierre?

PIERRE DE CRAON

Il est de nature telle
Que celui qui l'a conçu dans toute sa malice

Doit être mis à part aussitôt,
Car il n'est homme vivant si peu gâté que la
lèpre ne puisse y prendre.

VIOLAINE

Comment donc restez-vous parmi nous en
liberté?

PIERRE DE CRAON

L'Évêque me l'a dispensé, et vous voyez que
je suis rare et peu fréquent,
Sauf à mes ouvriers pour les ordres à donner,
et mon mal est encore couvert et masqué.
Et qui sans moi mènerait à leurs noces ces
naissantes églises dont Dieu m'a remis la
charge?

VIOLAINE

C'est pourquoi l'on ne vous a point vu cette
fois à Combernon?

PIERRE DE CRAON

Je ne pouvais m'exempter de revenir ici,
Car mon office est d'ouvrir le flanc de Monsanvierge
Et de fendre la paroi à chaque fois qu'un vol
nouveau de colombes y veut entrer de l'Arche
haute dont les guichets ne sont que vers le ciel
seul ouverts!
Et cette fois nous amenions à l'autel une
illustre hostie, un solennel encensoir,

La Reine elle-même, mère du Roi, montant en sa personne,
Pour son fils défait de son royaume.
Et maintenant je m'en retourne à Rheims.

VIOLAINE

Faiseur de portes, laissez-moi vous ouvrir celle-ci.

PIERRE DE CRAON

N'y avait-il à la ferme personne autre pour me rendre ce service?

VIOLAINE

La servante aime à dormir et m'a remis les clefs sans peine.

PIERRE DE CRAON

N'avez-vous pas crainte et horreur du lépreux?

VIOLAINE

Dieu est là qui me sait garder.

> *Violaine ouvre la porte : elle et Pierre de Craon regardent longuement la campagne.*

VIOLAINE

Cette petite pluie a fait du bien à tout le monde.

PIERRE DE CRAON

La poussière du chemin sera couchée.

VIOLAINE, *à voix basse, affectueusement.*

Paix sur vous, Pierre!

> *L'Angélus sonne à Monsanvierge : le chœur chante le* Regina Coeli, laetare, laetare.
>
> *Pendant ce temps Violaine fait lentement sur elle le signe de la Croix et Pierre se le dessine rapidement sur la poitrine.*

PIERRE DE CRAON

Il est temps de partir.

VIOLAINE

Vous savez bien le chemin? Cette haie-ci d'abord.

Et puis cette maison basse dans le bosquet de sureaux sous lequel vous verrez cinq ou six ruches.

Et cent pas plus loin vous joignez la route Royale.

Pause.

PIERRE DE CRAON

Pax tibi.

Comme toute la création est avec Dieu dans un mystère profond!

Ce qui était caché redevient visible avec Lui et je sens sur mon visage un souffle d'une fraîcheur de rose.

Loue ton Dieu, terre bénite, dans les larmes et l'obscurité!

Le fruit est pour l'homme, mais la fleur est pour Dieu et la bonne odeur de tout ce qui naît.

Ainsi de la sainte âme cachée l'odeur comme de la feuille de menthe a décelé sa vertu.

Violaine qui m'avez ouvert la porte, adieu! je ne retournerai plus vers vous.

O jeune arbre de la science du Bien et du Mal, voici que je commence à me séparer parce que j'ai porté la main sur vous.

Et déjà mon âme et mon corps se divisent, comme le vin dans la cuve mêlée à la grappe meurtrie!

Qu'importe? je n'avais pas besoin de femme. Je n'ai point possédé de femme corruptible.

L'homme qui a préféré Dieu dans son cœur, quand il meurt, il voit cet Ange qui le gardait.

Le temps viendra bientôt qu'une autre porte se dissolve.

Quand celui qui a plu à peu de gens en cette vie s'endort, ayant fini de travailler, entre les bras de l'Oiseau éternel :

Quand déjà au travers des murs diaphanes de tous côtés apparaît le sombre Paradis,

Et que les encensoirs de la nuit se mêlent à l'odeur de la mèche infecte qui s'éteint!

VIOLAINE

Pierre de Craon, je sais que vous n'attendez
pas de moi des « Pauvre homme! » et de faux
soupirs, et des « Pauvre Pierre ».

Car à celui qui souffre, les consolations d'un
consolateur joyeux ne sont pas de grand prix,
et son mal n'est pas pour nous ce qu'il est pour
lui.

Souffrez avec Notre-Seigneur.

Mais sachez que votre action mauvaise est
effacée

En tant qu'il est de moi, et je suis en paix
avec vous,

Et que je ne vous méprise et abhorre point
parce que vous êtes atteint et malade,

Mais je vous traiterai comme un homme
sain et Pierre de Craon, notre vieil ami, que je
révère, aime et crains.

Je vous le dis. C'est vrai.

PIERRE DE CRAON

Merci, Violaine.

VIOLAINE

Et maintenant j'ai à vous demander quelque
chose.

PIERRE DE CRAON

Parlez.

VIOLAINE

Quelle est cette belle histoire que mon père
nous a racontée? Quelle est cette « Justice »
que vous construisez à Rheims et qui sera plus
belle que Saint-Rémy et Notre-Dame?

PIERRE DE CRAON

C'est l'église que les métiers de Rheims
m'ont donnée à construire sur l'emplacement
de l'ancien Parc-aux-Ouilles,

Là où l'ancien Marc-de-l'Évêque a été brûlé
cet antan.

VIOLAINE

Et d'où vient ce nom qui est donné à la
nouvelle paroisse?

PIERRE DE CRAON

N'avez-vous jamais entendu parler de Sainte
Justice qui fut martyrisée du temps de l'Empereur Julien dans un champ d'anis?

(Ces graines que l'on met dans notre pain
d'épice à la foire de Pâques.)

Essayant de détourner les eaux d'une source
souterraine pour nos fondations,

Nous avons retrouvé son tombeau avec ce
titre sur une dalle cassée en deux : JUSTITIA
ANCILLA DOMINI IN PACE.

Le frêle petit crâne était fracassé comme une noix, c'était un enfant de huit ans,
Et quelques dents de lait tiennent encore à la mâchoire.
De quoi tout Rheims est dans l'admiration, et maints signes et miracles suivent le corps
Que nous avons placé en chapelle, attendant le terme de l'œuvre.
Mais nous avons laissé les petites dents comme une semence sous le grand bloc de base.

VIOLAINE

Quelle belle histoire! Et le père nous disait aussi que toutes les dames de Rheims donnent leurs bijoux pour la construction de la Justice?

PIERRE DE CRAON

Nous en avons un grand tas et beaucoup de Juifs autour comme mouches.

> *Violaine tient les yeux baissés, tournant avec hésitation un gros anneau d'or qu'elle porte au quatrième doigt.*

PIERRE DE CRAON

Quel est cet anneau, Violaine?

VIOLAINE

Un anneau que Jacques m'a donné.

Silence.

PIERRE DE CRAON

Je vous félicite.

Elle lui tend l'anneau.

VIOLAINE

Ce n'est pas décidé encore. Mon père n'a rien dit.

Eh bien! c'est ce que je voulais vous dire.

Prenez mon bel anneau qui est tout ce que j'ai et Jacques me l'a donné en secret.

PIERRE DE CRAON

Mais je ne le veux pas!

VIOLAINE

Prenez-le vite, car je n'aurai plus la force de m'en détacher.

Il prend l'anneau.

PIERRE DE CRAON

Que dira votre fiancé?

VIOLAINE

Ce n'est pas mon fiancé encore tout à fait.

L'anneau en moins ne change pas le cœur. Il me connaît. Il m'en donnera un autre en argent. Celui-ci était trop beau pour moi.

PIERRE DE CRAON, *l'examinant*.

Il est d'or végétal, comme on savait les faire jadis avec un alliage de miel.

Il est facile comme la cire et rien ne peut le rompre.

VIOLAINE

Jacques l'a trouvé dans la terre en labourant, dans un endroit où l'on ramasse parfois de vieilles épées toutes vertes et de jolis morceaux de verre.

J'avais crainte à porter cette chose païenne qui appartient aux morts.

PIERRE DE CRAON

J'accepte cet or pur.

VIOLAINE

Et baisez pour moi ma sœur Justice.

PIERRE DE CRAON, *la regardant soudain et comme frappé d'une idée.*

Est-ce tout ce que vous avez à me donner pour elle? un peu d'or retiré de votre doigt?

VIOLAINE

Cela ne suffit-il pas à payer une petite pierre?

PIERRE DE CRAON

Mais Justice est une grande pierre elle-même.

VIOLAINE, *riant*.

Je ne suis pas de la même carrière.

PIERRE DE CRAON

Celle qu'il faut à la base n'est point celle qu'il faut pour le faîte.

VIOLAINE

Une pierre, si j'en suis une, que ce soit cette pierre active qui moud le grain accouplée à la meule jumelle.

PIERRE DE CRAON

Et Justitia aussi n'était qu'une humble petite fille près de sa mère
Jusqu'à l'instant que Dieu l'appela à la confession.

VIOLAINE

Mais personne ne me veut aucun mal! Faut-il que j'aille prêcher l'Évangile chez les Sarrasins?

PIERRE DE CRAON

Ce n'est point à la pierre de choisir sa place, mais au Maître de l'œuvre qui l'a choisie.

VIOLAINE

Loué donc soit Dieu qui m'a donné la mienne

tout de suite et je n'ai plus à la chercher. Et
je ne lui en demande point d'autre.

Je suis Violaine, j'ai dix-huit ans, mon père
s'appelle Anne Vercors, ma mère s'appelle
Élisabeth,

Ma sœur s'appelle Mara, mon fiancé s'appelle
Jacques. Voilà, c'est fini, il n'y a plus rien à
savoir.

Tout est parfaitement clair, tout est réglé
d'avance et je suis très contente.

Je suis libre, je n'ai à m'inquiéter de rien,
c'est un autre qui me mène, le pauvre homme,
et qui sait tout ce qu'il y a à faire!

Semeur de clochers, venez à Combernon!
nous vous donnerons de la pierre et du bois, mais
vous n'aurez pas la fille de la maison!

Et d'ailleurs, n'est-ce pas ici déjà maison de
Dieu, terre de Dieu, service de Dieu?

Est-ce que notre charge n'est pas du seul
Monsanvierge que nous avons à nourrir et
garder, fournissant le pain, le vin et la cire,

Relevant de cette seule aire d'anges à demi
déployés?

Ainsi comme les hauts Seigneurs ont leur
colombier, nous avons le nôtre aussi, recon-
naissable au loin.

PIERRE DE CRAON

Jadis passant dans la forêt de Fisme j'ai entendu
deux beaux chênes qui parlaient entre eux,

Louant Dieu qui les avait faits inébranlables à la place où ils étaient nés.

Maintenant, à la proue d'une drome, l'un fait la guerre aux Turcs sur la mer Océane,

L'autre, coupé par mes soins, au travers de la Tour de Laon,

Soutient Jehanne la bonne cloche dont la voix s'entend à dix lieues.

Jeune fille, dans mon métier, on n'a pas les yeux dans sa poche. Je reconnais la bonne pierre sous les genévriers et le bon bois comme un maître-pivert :

Tout de même les hommes et les femmes.

VIOLAINE

Mais pas les jeunes filles, maître Pierre! Ça, c'est trop fin pour vous.

Et d'abord il n'y a rien à connaître du tout.

PIERRE DE CRAON, *à demi-voix.*

Vous l'aimez bien, Violaine?

VIOLAINE, *les yeux baissés.*

C'est un grand mystère entre nous deux.

PIERRE DE CRAON

Bénie sois-tu dans ton chaste cœur!

La sainteté n'est pas d'aller se faire lapider chez les Turcs ou de baiser un lépreux sur la bouche,

Mais de faire le commandement de Dieu aussitôt,
Qu'il soit
De rester à notre place, ou de monter plus haut.

VIOLAINE

Ah, que ce monde est beau et que je suis heureuse!

PIERRE DE CRAON, *à demi-voix.*

Ah! que ce monde est beau et que je suis malheureux!

VIOLAINE, *levant le doigt vers le ciel.*

Homme de la ville, écoutez!

Pause.

Entendez-vous tout là-haut cette petite âme qui chante?

PIERRE DE CRAON

C'est l'alouette!

VIOLAINE

C'est l'alouette, alleluia! L'alouette de la terre chrétienne, alleluia, alleluia!
L'entendez-vous qui crie quatre fois de suite hi! hi! hi! hi! plus haut, plus haute!
La voyez-vous, les ailes étendues, la petite

croix véhémente, comme les séraphins qui ne
sont qu'ailes sans aucuns pieds et une voix
perçante devant le trône de Dieu?

PIERRE DE CRAON

Je l'entends.

Et c'est ainsi qu'une fois je l'ai entendue à
l'aurore, le jour que nous avons dédié ma fille,
Notre-Dame de la Couture,

Et il lui brillait un peu d'or, à la pointe
extrême de cette grande chose que j'avais faite,
comme une étoile neuve!

VIOLAINE

Pierre de Craon, si vous aviez fait de moi à
votre volonté,

Est-ce que vous en seriez plus joyeux, maintenant, ou est-ce que j'en serais plus belle?

PIERRE DE CRAON

Non, Violaine.

VIOLAINE

Et est-ce que je serais encore cette même Violaine que vous aimiez?

PIERRE DE CRAON

Non pas elle, mais une autre.

VIOLAINE

Et lequel vaut mieux, Pierre? Que je vous

partage ma joie, ou que je partage votre douleur?

PIERRE DE CRAON

Chante au plus haut du ciel, alouette de
France!

VIOLAINE

Pardonnez-moi parce que je suis trop heureuse! parce que celui que j'aime
M'aime, et je suis sûre de lui, et je sais qu'il
m'aime, et tout est égal entre nous!
Et parce que Dieu m'a faite pour être heureuse et non point pour le mal et aucune peine.

PIERRE DE CRAON

Va au ciel d'un seul trait!
Quant à moi, pour monter un peu, il me faut
tout l'ouvrage d'une cathédrale et ses profondes
fondations.

VIOLAINE

Et dites-moi que vous pardonnez à Jacques
parce qu'il va m'épouser.

PIERRE DE CRAON

Non, je ne lui pardonne pas.

VIOLAINE

La haine ne vous fait pas de bien, Pierre, et
elle me fait du chagrin.

PIERRE DE CRAON

C'est vous qui me faites parler. Pourquoi me forcer à montrer l'affreuse plaie qu'on ne voit pas?

Laissez-moi partir et ne m'en demandez pas davantage. Nous ne nous reverrons plus.

Tout de même j'emporte son anneau!

VIOLAINE

Laissez votre haine à la place et je vous la rendrai quand vous en aurez besoin.

PIERRE DE CRAON

Mais aussi, Violaine, je suis bien malheureux!

Il est dur d'être un lépreux et de porter avec soi la plaie infâme et de savoir que l'on ne guérira pas et que rien n'y fait,

Mais que chaque jour elle gagne et pénètre, et d'être seul et de supporter son propre poison, et de se sentir tout vivant corrompre!

Et non point, la mort, seulement une fois et dix fois la savourer, mais sans en rien perdre jusqu'au bout l'affreuse alchimie de la tombe!

C'est vous qui m'avez fait ce mal par votre beauté, car avant de vous voir j'étais pur et joyeux,

Le cœur à mon seul travail et idée sous l'ordre d'un autre.

Et maintenant que c'est moi qui commande à mon tour et de qui l'on prend le dessin,

Voici que vous vous tournez vers moi avec
ce sourire plein de poison!

VIOLAINE

Le poison n'était pas en moi, Pierre!

PIERRE DE CRAON

Je le sais, il était en moi, et il y est toujours
et cette chair malade n'a pas guéri l'âme
atteinte!

O petite âme, est-ce qu'il était possible que
je vous visse sans que je vous aimasse?

VIOLAINE

Et certes vous avez montré que vous m'aimiez!

PIERRE DE CRAON

Est-ce ma faute si le fruit tient à la branche?

Et quel est celui qui aime qui ne veut avoir
tout de ce qu'il aime?

VIOLAINE

Et c'est pourquoi vous avez essayé de me
détruire?

PIERRE DE CRAON

L'homme outragé aussi a ses ténèbres comme
la femme.

VIOLAINE

En quoi vous ai-je manqué?

PIERRE DE CRAON

O image de la Beauté éternelle, tu n'es pas
à moi!

VIOLAINE

Je ne suis pas une image! Ce n'est pas une
manière de dire les choses!

PIERRE DE CRAON

Un autre prend en vous ce qui était à moi.

VIOLAINE

Il reste l'image.

PIERRE DE CRAON

Un autre me prend Violaine et me laisse
cette chair atteinte et cet esprit dévoré!

VIOLAINE

Soyez un homme, Pierre! Soyez digne de la
flamme qui vous consume!

Et s'il faut être dévoré que ce soit sur un
candélabre d'or comme le Cierge Pascal en plein
chœur pour la gloire de toute l'Église!

PIERRE DE CRAON

Tant de faîtes sublimes! Ne verrai-je jamais
celui de ma petite maison dans les arbres?

Tant de clochers dont l'ombre en tournant écrit l'heure sur toute une ville! Ne ferai-je jamais le dessin d'un four et de la chambre des enfants?

VIOLAINE

Il ne fallait pas que je prisse pour moi seule ce qui est à tous.

PIERRE DE CRAON

Quand sera la noce, Violaine?

VIOLAINE

A la Saint-Michel, je suppose, lorsque la moisson est finie.

PIERRE DE CRAON

Ce jour-là, quand les cloches de Monsanvierge se seront tues, prêtez l'oreille et vous m'entendrez bien loin de Rheims répondre.

VIOLAINE

Qui prend soin de vous là-bas?

PIERRE DE CRAON

J'ai toujours vécu comme un ouvrier; une botte de paille me suffit entre deux pierres, un habit de cuir, un peu de lard sur du pain.

VIOLAINE

Pauvre Pierre!

PIERRE DE CRAON

Ce n'est pas de cela qu'il faut me plaindre;
nous sommes à part.

Je ne vis pas de plain-pied avec les autres
hommes, toujours sous terre avec les fondations
ou dans le ciel avec le clocher.

VIOLAINE

Eh bien! Nous n'aurions pas fait ménage
ensemble! Je ne puis monter au grenier sans
que la tête me tourne.

PIERRE DE CRAON

Cette église seule sera ma femme qui va être
tirée de mon côté comme une Ève de pierre,
dans le sommeil de la douleur.

Puissé-je bientôt sous moi sentir s'élever
mon vaste ouvrage, poser la main sur cette
chose indestructible que j'ai faite et qui tient
ensemble dans toutes ses parties, cette œuvre
bien fermée que j'ai construite de pierre forte
afin que le principe y commence, mon œuvre
que Dieu habite!

Je ne descendrai plus!

VIOLAINE

Il faut descendre. Qui sait si je n'aurai pas besoin de vous un jour?

PIERRE DE CRAON

Adieu, Violaine, mon âme, je ne vous verrai plus!

VIOLAINE

Qui sait si vous ne me verrez plus?

PIERRE DE CRAON

Adieu, Violaine!
Que de choses j'ai faites déjà! Quelles choses il me reste à faire!
De l'ombre avec Dieu,
Pareille à celle de l'âme humaine pour que l'hostie réside au milieu.
J'emporte votre anneau. Et qui sait si je n'emporte pas l'âme de Violaine avec lui?
L'âme de Violaine, mon amie, en qui mon cœur se complaît,
L'âme de Violaine, mon enfant, pour que j'en fasse une église.

> *Mara Vercors est entrée et les observe du haut de l'escalier sans qu'ils la voient.*

VIOLAINE

Adieu, Pierre!

PIERRE DE CRAON

Adieu! Violaine!

VIOLAINE

Pauvre Pierre!

Ici le baiser qui doit être administré avec beaucoup de solennité. Violaine de bas en haut prend la tête de Pierre entre ses mains et lui aspire l'âme.

Mara fait un geste de surprise et sort.

ACTE PREMIER

SCÈNE PREMIÈRE

Une grande table au milieu de la pièce sur laquelle la Mère est en train de repasser une pièce de toile. Anne Vercors est assis le dos à la table avec un livre de comptes sur les genoux.

ANNE VERCORS

Dis, la mère, si tu crois que c'est commode de s'y retrouver, au milieu de tes croix et de tes ronds!

LA MÈRE

Moque-toi de moi, grand moqueux, avec ça que tu es si fort pour tenir tes comptes! C'est la pelle comme on dit... Comment c'est qu'on dit déjà?

ANNE VERCORS

C'est la pelle qui se moque du fourgon.

LA MÈRE

Tout juste... C'est la pelle...

> *Elle asperge la toile du bout des doigts avec de l'eau qu'elle prend dans un bol sur la table.*

C'est la pelle qui se moque du fourgon.

ANNE VERCORS

Et toi, qu'est-ce que tu es en train de fourgonner?

LA MÈRE

Tu voudrais bien le savoir, mon malin?... C'est mon secret.

ANNE VERCORS

Moi aussi, peut-être bien que j'ai un secret!

> *Il s'est levé et la regarde.*

LA MÈRE, *sans le regarder.*

Pourquoi que tu me regardes comme ça?

ANNE VERCORS

O femme! voici depuis que nous nous sommes épousés

Avec l'anneau qui a la forme de Oui, un mois,

Un mois dont chaque jour est une année.

Et longtemps tu m'es demeurée vaine

Comme un arbre qui ne produit que de l'ombre.

Et un jour nous nous sommes comme aujourd'hui

Considérés dans le milieu de notre vie,

Élisabeth! et j'ai vu les premières rides sur ton front et autour de tes yeux.

Et, comme le jour de notre mariage,

Nous nous sommes étreints et pris, non plus dans l'allégresse,

Mais dans la tendresse et dans la compassion et la piété de notre foi mutuelle.

Et voici entre nous l'enfant et l'honnêteté

De ce doux narcisse, Violaine.

Et puis, la seconde nous naît

Mara la noire. Une autre fille et ce n'était pas un garçon.

Pause.

Allons, maintenant, dis ce que tu as à dire, car je sais quand c'est

Que tu te mets à parler sans vous regarder, disant quelque chose et rien. Voyons!

LA MÈRE

Tu sais bien que l'on ne peut rien te dire. Mais tu n'es jamais là, mais il faut que je t'attrape pour te remettre un bouton.

Mais tu ne nous écoutes pas. Mais tu es toujours là, comme un chien, à guingner et à guet-

ter, à guingner et à guetter je ne sais quoi qui
va arriver.

Les hommes ne comprennent rien!

ANNE VERCORS

Les petites filles, les voilà grandes à présent!

LA MÈRE

Pas si grandes que cela!

ANNE VERCORS

A qui c'est qu'on va marier ça?

LA MÈRE

On a bien le temps d'y songer.

ANNE VERCORS

O fausseté de femmes!
Dis quand c'est que tu penses une chose
Que tu ne nous dises d'abord le contraire,
malignité! Je te connais.

LA MÈRE

Je dirai plus rien.

ANNE VERCORS

Jacques Hury.

LA MÈRE

Eh bien?

ANNE VERCORS

Voilà. Je lui donnerai Violaine.

Et il sera à la place du garçon que je n'ai
pas eu. C'est un homme droit et courageux.

Je le connais depuis qu'il est un petit gars
et que sa mère nous l'a donné. C'est moi qui
lui ai tout appris,

Les graines, les bêtes, les gens, les armes, les
outils, les voisins, les supérieurs, la coutume,

— Dieu, —

Le temps qu'il fait, l'habitude de ce terroir
antique,

La manière de réfléchir avant que de parler.

Je l'ai vu devenir homme pendant qu'il me
regardait,

Et il n'était point de ceux qui contredisent,
mais qui réfléchissent, comme une terre qui
accepte toutes les graines.

Et ce qui est faux, ne prenant pas de racines,
cela meurt;

Et ainsi pour ce qui est vrai on ne peut dire
qu'il y croit, mais cela croît en lui, ayant
trouvé nourriture.

LA MÈRE

Faudrait savoir s'ils ont tant que ça du goût
l'un pour l'autre.

ANNE VERCORS

Violaine

Fera ce que je lui aurai dit,
Et pour lui, je sais qu'il l'aime et tu le sais
bien aussi.

Cependant le sot n'ose rien me dire. Mais je
la lui donnerai s'il veut. Ça sera ça et ça
comme ça sera.

LA MÈRE

Bon, bon, bin oui, bin oui.
Sans doute que cela va bien ainsi. Sans
doute que ça sera bien comme ça.

ANNE VERCORS

C'est tout? Tu n'as pas d'autres choses à
dire?

LA MÈRE

Quoi donc?

ANNE VERCORS

Eh bien! je m'en vais le chercher.

LA MÈRE

Comment, le chercher? Comment, le chercher? Anne!

ANNE VERCORS

Il faut que tout soit réglé incontinent. J'aurai quelque chose à te dire tantôt.

LA MÈRE

A me dire? Quoi à me dire? — Anne, écoute-
moi un peu... — J'ai peur...

ANNE VERCORS

Eh bien?

LA MÈRE

Mara
Couchait dans ma chambre cet hiver, pendant que tu étais malade, et on causait le soir
dans nos lits.

Bien sûr que c'est un brave garçon et je l'aime
comme mon enfant, presque.

Il n'a pas de bien, c'est vrai, mais c'est un bon
laboureur, et il est de bonne famille.

On pourrait leur y donner
Notre cens des Demi-Muids avec les terres
du bas qui sont trop loin pour nous. — Je
voulais te parler de lui aussi.

ANNE VERCORS

Eh bien!

LA MÈRE

Eh bien! rien.
Sans doute que Violaine est l'aînée.

ANNE VERCORS

Allons, après?

LA MÈRE

Après? que sais-tu pour sûr s'il l'aime? —
Notre compère, maître Pierre,

(Pourquoi qu'il est resté à l'écart c'te fois-ci
sans voir personne?)

Tu l'as vu l'an dernier quand il est venu.

Et de quel air il la regardait pendant qu'elle
nous servait. — Certainement il n'a pas de
terre, mais il gagne bien de l'argent.

— Et elle, pendant qu'il parlait,

Comme elle l'écoutait, les yeux tout grands
comme une innocente,

Oubliant de verser à boire, en sorte que j'ai
dû me mettre en colère!

— Et Mara, tu la connais! Tu sais comme
elle est butée!

Si elle a idée, donc,

Qu'elle épouse Jacques, — hé là! la la la! elle
est dure comme le fer.

Moi, je ne sais pas! Peut-être qu'il vaudrait
mieux...

ANNE VERCORS

Qu'est-ce que c'est que ces bêtises?

LA MÈRE

C'est bien! c'est bien! On peut causer comme
ça. Faut pas se fâcher.

ANNE VERCORS

Je le veux. Ça sera comme ça.
Jacques épousera Violaine.

LA MÈRE

Eh bien! Mes amis, ça va : il l'épousera donc.

ANNE VERCORS

Et maintenant, pauvre maman, j'ai autre
chose à te dire, la vieille! Je pars.

LA MÈRE

Je pars?... Tu pars?
Quoi c'est que tu dis là? Tu pars, tu pars,
vieil homme?

ANNE VERCORS

C'est pourquoi il faut que Jacques épouse
Violaine sans tarder et qu'il soit l'homme ici
à ma place.

LA MÈRE

Seigneur! tu pars? c'est pour de bon? Et où
c'est que tu vas?

ANNE VERCORS, *montrant vaguement le midi.*

Là-bas.

LA MÈRE

A Château?

ANNE VERCORS

Plus loin que Château.

LA MÈRE, *baissant la voix*.

A Bourges, chez l'autre Roi?

ANNE VERCORS

Chez le Roi des Rois, à Jérusalem.

LA MÈRE

Sainte Vierge, mon doux Jésus!

Elle s'assied.

C'est-il que la France n'est plus assez bonne
pour toi?

ANNE VERCORS

Il y a trop de peine en France.

LA MÈRE

Mais nous sommes ici bien à l'aise et personne
ne touche à Rheims.

ANNE VERCORS

C'est cela.

LA MÈRE

C'est cela quoi?

ANNE VERCORS

C'est cela, nous sommes trop heureux.
Et les autres pas assez.

LA MÈRE

Anne, ce n'est pas de notre faute.

ANNE VERCORS

Ce n'est pas de la leur non plus.

LA MÈRE

Je ne sais pas. Je sais que tu es là et que j'ai deux enfants.

ANNE VERCORS

Mais tu vois au moins que tout est ému et dérangé de sa place, et chacun recherche éperdument où elle est.

Et ces fumées que l'on voit parfois au loin, ce n'est pas de la vaine paille qui brûle,

Et ces grandes bandes de pauvres qui nous arrivent de tous les côtés.

Il n'y a plus de Roi sur la France, selon qu'il a été prédit par le Prophète [1].

LA MÈRE

C'est ça que tu nous lisais l'autre jour?

1. « Voici que le Seigneur ôtera de Jérusalem et de Juda l'homme fort et valide, toute-puissance du pain et toute celle de l'eau, le fort et l'homme de guerre, et le prophète, et le divinateur, et le vieillard; le prince au-dessus de cinquante ans et toute personne honorable; et le sage architecte et l'expert du langage mystique. Et je leur donnerai des enfants pour princes et des efféminés seront leurs maîtres. » (Is.)

ANNE VERCORS

A la place du Roi nous avons deux enfants.
L'un, l'Anglais, dans son île
Et l'autre, si petit qu'on ne le voit plus, entre
les roseaux de la Loire.
A la place du Pape, nous en avons trois et
à la place de Rome, je ne sais quel concile en
Suisse.
Tout entre en lutte et en mouvement,
N'étant plus maintenu par le poids supérieur.

LA MÈRE

Et toi aussi, voilà que tu veux t'en aller?

ANNE VERCORS

Je ne puis plus tenir ici.

LA MÈRE

Anne, t'ai-je fait aucune peine?

ANNE VERCORS

Non, mon Élisabeth.

LA MÈRE

Que tu m'abandonnes dans ma vieillesse.

ANNE VERCORS

Toi-même, donne-moi congé.

LA MÈRE

Tu ne m'aimes plus et tu n'es plus heureux avec moi.

ANNE VERCORS

Je suis las d'être heureux.

LA MÈRE

Ne méprise point le don que le bon Dieu a fait.

ANNE VERCORS

Dieu soit loué qui m'a comblé de ses biens!

Voici trente ans que je tiens ce fief sacré de mon père et que Dieu pleut sur mes sillons.

Et depuis dix ans il n'est pas une heure de mon travail

Qu'il n'ait quatre fois payée et une fois encore,

Comme s'il ne voulait pas rester en balance avec moi et laisser ouvert aucun compte.

Tout périt et je suis épargné.

En sorte que je paraîtrai devant lui vide et sans titre, entre ceux qui ont reçu leur récompense.

LA MÈRE

C'est assez que d'un cœur reconnaissant.

ANNE VERCORS

Mais moi je ne suis pas rassasié de ses biens,
Et parce que j'ai reçu ceux-ci, pourquoi
laisserais-je à d'autres les plus grands?

LA MÈRE

Je ne t'entends pas.

ANNE VERCORS

Lequel reçoit davantage, le vase plein, ou
vide?
Et laquelle a besoin de plus d'eau, la citerne
ou la source?

LA MÈRE

La nôtre est presque tarie par ce grand été.

ANNE VERCORS

Tel a été le mal du monde, que chacun a
voulu jouir de ses biens, comme s'ils avaient
été créés pour lui.

LA MÈRE

Tu as ton devoir avec nous.

ANNE VERCORS

Non pas si tu m'en délies.

LA MÈRE

Je ne t'en délierai pas.

ANNE VERCORS

Tu vois que la part que j'avais à faire est faite.

Les deux enfants sont élevés, Jacques est là qui prend ma place.

LA MÈRE

Qui t'appelle loin de nous?

ANNE VERCORS, *souriant.*

Un ange sonnant de la trompette.

LA MÈRE

Quelle trompette?

ANNE VERCORS

La trompette sans aucun son que tous entendent.

LA MÈRE

Jérusalem est si loin!

ANNE VERCORS

Le paradis l'est davantage.

LA MÈRE

Dieu au tabernacle est avec nous ici même.

ANNE VERCORS

Mais non point ce grand trou dans la terre!

LA MÈRE

Quel trou?

ANNE VERCORS

Qu'y fit la Croix lorsqu'elle fut plantée.
La voici qui tire tout à elle.
Là est le point qui ne peut être défait, le
nœud qui ne peut être dissous.

LA MÈRE

Que peut un seul pèlerin?

ANNE VERCORS

Je ne suis pas seul!
Les voilà tous en marche avec moi, toutes ces
âmes, les uns qui me poussent et les autres qui
m'entraînent et les autres qui me tiennent la
main.

LA MÈRE

Qui sait si nous n'aurons pas nécessité de toi
ici?

ANNE VERCORS

Qui sait si l'on n'a pas nécessité de moi
ailleurs?
Tout est en branle, qui sait si je ne gêne pas
l'ordre de Dieu en restant à cette place
Où le besoin qui était de moi a cessé?

LA MÈRE

Je sais que tu es un homme inflexible.

ANNE VERCORS, *tendrement,*
changeant de voix.

Tu es toujours jeune et belle pour moi et l'amour que j'ai pour ma douce Élisabeth aux cheveux noirs est grand.

LA MÈRE

Mes cheveux sont gris!

ANNE VERCORS

Dis oui, Élisabeth...

LA MÈRE

Anne, tu ne m'as pas quittée pendant ces trente années. Qu'est-ce que je vais devenir sans mon chef et mon compagnon?

ANNE VERCORS

... Le oui qui nous sépare, à cette heure, bien bas,
Aussi plein que celui qui nous a faits jadis un seul.

Silence.

LA MÈRE, *tout bas.*

Oui, Anne.

ANNE VERCORS

Patience, Zabillet! Bientôt je serai revenu.
Ne peux-tu avoir foi en moi un peu de
temps, sans que je sois ici?

Bientôt vient une autre séparation.

Allons, mets-moi le repas de deux jours dans
un sac. Il faut partir.

LA MÈRE

Eh quoi! aujourd'hui, aujourd'hui même?

ANNE VERCORS

Aujourd'hui même. Adieu, Élisabeth!

*Il lui met la main sur la tête, la Mère
lui prend la main et la baise.*

Eh bien, je vais dire aux gens de venir. Les
hommes, les femmes, les enfants, je vais sonner
la cloche. Il faut que tout le monde soit là,
j'ai quelque chose à leur dire.

Il sort.

SCÈNE II

Pendant cette scène on entend sonner la cloche qui convoque les gens à la ferme.
Entre Mara.

MARA, *à la Mère.*

Va, et dis-lui qu'elle ne l'épouse pas.

LA MÈRE

Mara! Comment, tu étais là?

MARA

Va-t'en, je te dis, lui dire qu'elle ne l'épouse pas!

LA MÈRE

Qui, elle? qui, lui? que sais-tu si elle l'épouse?

MARA

J'étais là. J'ai tout entendu.

LA MÈRE

Eh bien, ma fille! c'est ton père qui le veut.
Tu as vu que j'ai fait ce que j'ai pu et on
ne le fait pas changer d'idée.

MARA

Va-t'en lui dire qu'elle ne l'épouse pas, ou
je me tuerai!

LA MÈRE

Mara!

MARA

Je me pendrai dans le bûcher,
Là où l'on a trouvé le chat pendu.

LA MÈRE

Mara! méchante!

MARA

Voilà encore qu'elle vient me le prendre!
Voilà qu'elle vient me le prendre à cette
heure! C'est moi
Qui devais toujours être sa femme, et non
pas elle.
Elle sait très bien que c'est moi.

LA MÈRE

Elle est l'aînée.

MARA

Qu'est-ce que cela fait?

LA MÈRE

C'est ton père qui le veut.

MARA

Cela m'est égal.

LA MÈRE

Jacques Hury
L'aime.

MARA

Ça n'est pas vrai! Je sais bien que vous ne
m'aimez pas!

Vous l'avez toujours préférée! Oh, quand
vous parlez de votre Violaine, c'est du sucre.

C'est comme une cerise qu'on suce, au
moment que l'on va cracher le noyau!

Mais Mara l'agache! Elle est dure comme le
fer, elle est aigre comme la cesse!

Avec cela, qu'elle est déjà si belle, votre Violaine!

Et voilà qu'elle va avoir Combernon à cette
heure!

Qu'est-ce qu'elle sait faire, la gnolle? qui
est-ce de nous deux qui fait marcher la char-
rette?

Elle se croit comme saint Onzemillevierges!
Mais moi, je suis Mara Vercors qui n'aime pas
l'injustice et le faire accroire,

Mara qui dit la vérité et c'est cela qui met
les gens en colère!

Qu'ils s'y mettent! je leur fais la figue. Il
n'y a pas une de ces femmes ici qui grouille
devant moi, les bonifaces! Tout marche comme
au moulin.

Et voilà que tout est pour elle et rien pour
moi.

LA MÈRE

Tu auras ta part.

MARA

Voire! Les grèves d'en haut! des limons qu'il
faut cinq bêtes pour labourer! les mauvaises
terres de Chinchy.

LA MÈRE

Ça rapporte bien tout de même.

MARA

Sûrement.

Des chiendents et des queues-de-renard, du
séné et des bouillons-blancs!

J'aurai de quoi me faire de la tisane.

LA MÈRE

Mauvaise, tu sais bien que ce n'est pas vrai!
Tu sais bien qu'on ne te fait pas tort de rien!
Mais c'est toi qui as toujours été méchante!
Quand tu étais petite,
Tu ne criais pas quand on te battait,
Dis, noirpiaude, vilaine!
Est-ce qu'elle n'est pas l'aînée? Qu'as-tu à
lui reprocher,
Jalouse! Mais elle fait toujours ce que tu
veux.
Eh bien! elle se mariera la première, et tu
te marieras, toi aussi, après!
Et du reste, il est trop tard, car le père va
s'en aller, oh! que je suis triste!
Il est allé parler à Violaine et il va chercher
Jacques.

MARA

C'est vrai! Va tout de suite! Va-t'en tout de
suite!

LA MÈRE

Où cela?

MARA

Mère, voyons! Tu sais bien que c'est moi!
Dis-lui qu'elle ne l'épouse pas, maman!

LA MÈRE

Assurément je n'en ferai rien.

MARA

Répète-lui seulement ce que j'ai dit. Dis-lui
que je me tuerai. Tu m'as bien entendue?

Elle la regarde fixement.

LA MÈRE

Ha!

MARA

Crois-tu que je ne le ferai pas?

LA MÈRE

Si fait, mon Dieu!

MARA

Va donc!

LA MÈRE

O
Tête!

MARA

Tu n'es là-dedans pour rien.
Répète-lui seulement ce que j'ai dit.

LA MÈRE

Et lui, que sais-tu s'il voudra t'épouser?

MARA

Certainement il ne voudra pas.

LA MÈRE

Eh bien...

MARA

Eh bien?

LA MÈRE

Ne crois pas que je lui conseille de faire ce
que tu veux! au contraire!

Je répéterai seulement ce que tu as dit.
Bien sûr

Qu'elle ne sera pas assez sotte que de te
céder, si elle me croit.

Elle sort.

SCÈNE III

Entrent Anne Vercors et Jacques Hury. Ce dernier pousse devant lui un homme d'aspect fâcheux les mains liées derrière le dos. Il est suivi de deux serviteurs dont l'un porte un fagot de bois vert, un autre derrière lui tient un chien en laisse.

ANNE VERCORS, *s'arrêtant.*

Hé! que me racontes-tu là?

JACQUES HURY

Tel que je vous le dis! Cette fois je l'ai pris sur le fait, la serpe à la main!

Je venais tout doucement par-derrière et tout d'un coup

Flac! je me suis jeté sur lui de toute ma hauteur,

Tout chaud, comme on se jette sur un lièvre au gîte au temps de la moisson.

Et vingt jeunes peupliers en botte à côté
de lui, ceux auxquels vous tenez tant!

ANNE VERCORS

Que ne venait-il me trouver? Je lui aurais
donné le bois qu'il faut.

JACQUES HURY

Le bois qu'il lui faut, c'est le manche de
mon fouet!
Ce n'est pas le besoin, c'est mauvaiseté, c'est
idée de faire le mal!
Ce sont ces mauvaises gens de Chevoche qui
sont toujours prêts à faire n'importe quoi
Par gloire, pour braver le monde!
Mais pour cet homme-là, je vas lui couper
les oreilles avec mon petit couteau!

ANNE VERCORS

Non.

JACQUES HURY

Laissez-moi l'attacher à la herse par les
poignets devant la Grand'porte,
La figure tournée contre les dents; avec le
chien Faraud pour le surveiller.

ANNE VERCORS

Non plus.

JACQUES HURY

Qu'est-ce donc qu'il faut faire?

ANNE VERCORS

Le renvoyer chez lui.   *compassion*

JACQUES HURY

Avec sa bourrée?

ANNE VERCORS

Et avec une autre que tu lui donneras. Va vite la chercher.

JACQUES HURY

Notre père, ce n'est pas bien.

ANNE VERCORS, *clignant de l'œil.*

Tu pourras l'attacher au milieu, de peur qu'il ne les perde.
Cela l'aidera à passer le gué de Saponay.

JACQUES HURY, *éclatant de rire.*

Ah! notre maître! Il n'y a que vous pour avoir des idées comme ça!

> *On attache les fagots sur le dos et la poitrine du bonhomme. Cortège falot. L'un des serviteurs marche le premier faisant semblant de jouer de la trompette. Les*

autres par-derrière. Le chien bondit et aboie. Ils sortent.

ANNE VERCORS

Voilà, j'ai rendu la justice.

JACQUES HURY

Et bien rendu, notre maître.

ANNE VERCORS

C'est toi, Jacques, maintenant qui la rendras à ma place.

JACQUES HURY

Qu'est-ce que vous dites?

ANNE VERCORS

C'est toi, Jacques, maintenant qui la rendras à ma place. C'est toi que j'ai choisi. C'est toi que je mets sur Combernon à ma place.

JACQUES HURY

Qu'est-ce qu'il dit, vous entendez, la mère? Qu'est-ce qu'il dit, qu'est-ce qu'il dit?

LA MÈRE, *criant de toutes ses forces.*

Il s'en va en Palestine, à Jérusalem.

JACQUES HURY

Jérusalem?

ANNE VERCORS

Il est vrai. Je pars à cet instant même.

JACQUES HURY

Je pars? Jérusalem? qu'est-ce que cela veut dire?

ANNE VERCORS

Tu as très bien entendu.

JACQUES HURY

Comme cela, dans le moment du grand travail, vous nous quittez?

ANNE VERCORS

Il ne faut pas deux chefs à Combernon.

JACQUES HURY

Mon père, je ne suis que votre fils.

ANNE VERCORS

C'est toi qui seras le père ici à ma place.

JACQUES HURY

Je ne vous entends pas.

ANNE VERCORS

Je m'en vais. Tiens Combernon à ma place.

Comme je le tiens de mon père et celui-ci
du sien,

Et Radulphe le Franc, premier de notre
lignée, de Saint Rémy de Rheims,

Qui lui-même de Geneviève de Paris

Tenait cette terre alors païenne tout hor-
rible de mauvais arbres et d'épines empoi-
sonnées.

Ainsi cette terre est libre que nous tenons
de Saint Rémy au ciel, payant dîme là-haut
pour cimier à ce vol un instant posé de colombes
gémissantes.

Les bêtes ici ne sont jamais malades; les
pis, les puits ne sèchent jamais, le grain est dur
comme de l'or, la paille est raide comme du fer.

Et contre les pillards nous avons des armes, et
les murailles de Combernon, et le roi, notre voisin.

Recueille cette moisson que j'ai semée, comme
moi-même autrefois j'ai rabattu la motte sur
le sillon que mon père avait tracé.

O bon ouvrage de l'agriculteur, où le soleil
est comme notre bœuf luisant, et la pluie notre
banquier, et Dieu tous les jours au travail
notre compagnon, faisant de tous le mieux!

Les autres attendent leur bien des hommes
mais nous le recevons tout droit du ciel même,

Cent pour un, l'épi pour une graine et l'arbre
pour un pépin.

Car telle est la justice de Dieu avec nous,
et sa mesure à lui dont il nous repaye.

Tiens les manches de la charrue à ma place,
délivre la terre de ce pain que Dieu lui-même
a désiré.

Donne à manger à toutes les créatures, aux
hommes et aux animaux, et aux esprits et aux
corps, et aux âmes immortelles.

Vous autres, femmes, serviteurs, regardez!
Voici le fils de mon choix, Jacques Hury.

Je m'en vais et il demeure à ma place. Obéis-
sez-lui.

JACQUES HURY

Qu'il soit fait à votre volonté.

ANNE VERCORS

Violaine!

Mon enfant née la première à la place de ce
fils que je n'ai pas eu!

Héritière de mon nom en qui je vais être
donné à un autre!

Violaine, quand tu auras un mari, ne méprise
point l'amour de ton père.

Car tu ne peux pas rendre au père ce qu'il
t'a donné, quand tu le voudrais.

Tout est égal entre les époux; ce qu'ils
ignorent, ils l'acceptent l'un de l'autre dans
la foi.

Voici la religion mutuelle, voici cette servi-
tude par qui le sein de la femme se gonfle de lait!

Mais le père voit ses enfants hors de lui et

connaît ce qui était en lui déposé. Connais, ma
fille, ton père!

L'amour du Père

Ne demande point de retour et l'enfant n'a
pas besoin qu'il le gagne ou le mérite;

Comme il était avec lui avant le commen-
cement, il demeure

Son bien et son héritage, son recours, son
honneur, son titre, sa justification!

Mon âme ne se sépare point de cette âme
que j'ai communiquée.

— Et maintenant l'heure, l'heure, l'heure est
venue pour nous de nous séparer.

VIOLAINE

Père! ne dites point cette chose cruelle!

ANNE VERCORS

Jacques, tu es l'homme que j'aime. Prends-la.
Je te donne ma fille Violaine! Ote-lui mon
nom.

Aime-la, car elle est nette comme l'or.

Tous les jours de ta vie, comme le pain dont
on ne se rassasie pas.

Elle est simple et obéissante, elle est sen-
sible et secrète.

Ne lui fais point de peine et traite-la avec
bonté.

Tout est ici à toi, sauf la part qui sera faite à
Mara selon que je l'ai arrangé.

JACQUES HURY

Quoi, mon père, votre fille, votre bien...

ANNE VERCORS

Je te donne tout ensemble, selon qu'ils sont
à moi.

JACQUES HURY

Mais qui sait si elle veut de moi encore?

ANNE VERCORS

Qui le sait?

> *Elle regarde Jacques et fait oui sans rien
> dire avec la bouche.*

JACQUES HURY

Vous voulez de moi, Violaine?

VIOLAINE

C'est le père qui veut.

JACQUES HURY

Vous voulez bien aussi?

VIOLAINE

Je veux bien aussi.

JACQUES HURY

Violaine!

Comment est-ce que je vais m'arranger avec vous?

VIOLAINE

Songez-y pendant qu'il en est temps encore!

JACQUES HURY

Alors, je vous prends de par Dieu et je ne vous lâche plus!

Il la prend à deux mains.

Je vous tiens pour de bon, votre main et le bras avec, et tout ce qui vient avec le bras.

Parents, votre fille n'est plus à vous! C'est à moi seul!

ANNE VERCORS

Eh bien, ils sont mariés, c'est fait! Que dis-tu, la mère?

LA MÈRE

Je suis bien contente!

Elle pleure.

ANNE VERCORS

Elle pleure, la femme!

Va! voilà qu'on nous prend nos enfants et que nous resterons seuls.

La vieille femme qui se nourrit d'un peu de lait et d'un petit morceau de gâteau.

Et le vieux aux oreilles pleines de poils
blancs comme un cœur d'artichaut.
— Que l'on prépare la robe de noces!
— Enfants, je ne serai pas là à votre mariage.

VIOLAINE

Quoi, père!

LA MÈRE

Anne!

ANNE VERCORS

Je pars. Maintenant.

VIOLAINE

O père, quoi! avant que nous soyons mariés?

ANNE VERCORS

Il le faut. La mère t'expliquera tout.

Entre Mara.

LA MÈRE

Combien de temps vas-tu rester là-bas?

ANNE VERCORS

Je ne sais. Peu de temps peut-être.
Bientôt je suis de retour.

Silence.

VOIX D'ENFANT AU LOIN

Compère loriot!
Qui mange les cesses et qui laisse le noyau!

ANNE VERCORS

Le loriot siffle au milieu de l'arbre rose et
doré!

Qu'est-ce qu'il dit? que la pluie de cette nuit
a été comme de l'or pour la terre

Après ces longs jours de chaleur. Qu'est-ce
qu'il dit? il dit qu'il fait bon labourer.

Qu'est-ce qu'il dit encore? qu'il fait beau,
que Dieu est grand, qu'il y a encore deux heures
avant midi.

Qu'est-ce qu'il dit encore, le petit oiseau?

Qu'il est temps que le vieux homme s'en
aille

Ailleurs et qu'il laisse le monde à ses affaires.

— Jacques, je te laisse mon bien, défends ces
femmes.

JACQUES HURY

Comment, est-ce que vous partez?

ANNE VERCORS

Je crois qu'il n'a rien entendu.

JACQUES HURY

Comme cela, tout de suite?

ANNE VERCORS

Il est l'heure.

LA MÈRE

Tu ne vas pas partir avant que d'avoir
mangé?

> *Pendant ce temps les servantes ont dressé
> la grande table pour le repas de la ferme.*

ANNE VERCORS, *à une servante.*

Holà, mon sac, mon chapeau!
Apporte mes souliers! apporte mon manteau.
Je n'ai pas le temps de prendre ce repas avec
vous.

LA MÈRE

Anne! Combien de temps vas-tu rester là-bas?
Un an, deux ans? Plus que deux ans?

ANNE VERCORS

Un an. Deux ans. Oui, c'est cela.
Pour la première fois je te quitte, ô maison!
Combernon, haute demeure!
Veille bien à tout! Jacques sera ici à ma place.
Voilà la cheminée où il y a toujours du feu,
voilà la grande table où je donne à manger à
mon peuple.
Prenez place tous! une dernière fois je vous
partagerai le pain.

*Il prend place au bout de la longue table,
ayant la Mère à sa droite. Tous les serviteurs et les servantes sont debout, chacun à
sa place.*

*Il prend le pain, fait une croix dessus
avec le couteau, le coupe et le fait distribuer
par Violaine et Mara. Lui-même conserve
le dernier morceau.*

*Puis il se tourne solennellement vers la
Mère et lui ouvre les bras.*

Adieu, Élisabeth!

LA MÈRE, *pleurant dans ses bras.*

Tu ne me reverras plus.

ANNE VERCORS, *plus bas.*

Adieu, Élisabeth.

*Il se tourne vers Mara et la regarde lon-
guement et gravement, puis il lui tend la
main.*

Adieu, Mara! sois bonne.

MARA, *lui baisant la main.*

Adieu, père!

*Silence. Anne Vercors est debout, regar-
dant devant lui, comme s'il ne voyait pas
Violaine, qui se tient, pleine de trouble, à
son côté. A la fin il se tourne un peu vers
elle et elle lui passe les bras autour du cou,
la figure contre sa poitrine, sanglotant.*

ANNE VERCORS, *comme*
s'il ne s'en apercevait pas, aux serviteurs.

Vous tous, adieu!

J'ai toujours été juste pour vous. Si quelqu'un dit le contraire, il ment.

Je ne suis pas comme les autres maîtres.
Mais je dis que c'est bien quand il faut, et je
réprimande quand il faut.

Maintenant que je m'en vais, faites comme
si j'étais là.

Car je reviendrai. Je reviendrai au moment
que vous ne m'attendez pas.

> *Il leur donne à tous la main.*

Que l'on amène mon cheval!

> *Silence.*
> *Se penchant vers Violaine qui le tient*
> *toujours embrassé.*

Qu'est-ce qu'il y a, petit enfant?
Tu as échangé un mari pour ton père.

VIOLAINE

Hélas! Père! Hélas!

> *Il lui défait doucement les mains.*

LA MÈRE

Dis quand tu reviendras.

ANNE VERCORS

Je ne puis pas le dire.

Peut-être ce sera le matin, peut-être à midi quand on mange.

Et peut-être que la nuit, vous réveillant, vous entendrez mon pas sur la route.

Adieu!

> *Il sort.*
> *Tous les assistants restent comme pétrifiés.*
> *Jacques Hury prend la main de Violaine.*
> *On entend au loin le coucou qui dit :*

mi di!
mi di!
là bas!
là bas!

ACTE II

La même salle.

UNE VOIX DE FEMME AU CIEL, *du haut de la
plus haute tour de Monsanvierge :*
   Salve Regina mater misericordiae
   Vita dulcedo et spes nostra salve
   Ad te clamamus exsules filii Hevae
   *Ad te suspiramus gementes et flentes in hac
lacrymarum valle.*
   *Eïa ergo advocata nostra illos tuos misericordes
oculos ad nos converte*
   *Et Jesum benedictum fructum ventris tui nobis
post hoc exilium ostende*
   O clemens
   O pia
   O dulcis Virgo Maria

   *Longue pause pendant laquelle la scène reste
vide.*

SCÈNE PREMIÈRE

Entrent la Mère et Mara.

MARA

Qu'a-t-elle dit?

LA MÈRE

J'amenais cela tout en allant. Tu vois que
depuis quelques jours elle a perdu sa gaieté.

MARA

Elle ne parle jamais tant.

LA MÈRE

Mais elle ne rit plus. Ça me fait de la peine.
C'est peut-être que Jacquin n'est pas là,
mais il revient aujourd'hui.

Et le père aussi est parti.

MARA

C'est tout ce que tu lui as dit?

LA MÈRE

C'est ce que je lui ai dit, et le reste sans y
rien changer, comme tu me l'as fait réciter :
Jacquin et toi : que tu l'aimes, et tout,
Et que cette fois il ne faut pas être bête et
se laisser faire, ça je l'ai ajouté et je l'ai répété
deux et trois fois;
Et rompre le mariage qui est comme fait,
contre la volonté du père.
Qu'est-ce que les gens donc penseraient?

MARA

Et qu'a-t-elle répondu?

LA MÈRE

Elle s'est mise à rire, et moi, je me suis mise
à pleurer.

MARA

Je la ferai rire!

LA MÈRE

Ce n'est pas le rire que j'aime de ma petite
fille, et moi aussi je me suis mise à pleurer.
Et je disais : « Non, non, Violaine, mon
enfant! »
Mais elle de la main sans parler me fit signe
qu'elle voulait être seule.
Ah! qu'on a de mal avec ses enfants!

MARA

Chut!

LA MÈRE

Qu'y a-t-il?
J'ai regret de ce que j'ai fait.

MARA

Bien! La vois-tu là-bas au fond du clos?
Elle marche derrière les arbres. On ne la voit
plus.

> *Silence.*
> *On entend derrière la scène un appel de*
> *cornet.*

LA MÈRE

Voilà Jacquin qui revient. Je reconnais le
son de sa corne.

MARA

Éloignons-nous.

> *Elles sortent.*

SCÈNE II

Entre Jacques Hury.

JACQUES HURY, *il regarde
tout autour de lui.*

Je ne la vois pas.
Et cependant elle m'avait fait dire
Qu'elle voulait me voir ce matin même
Ici.

*Entre Mara. Elle s'avance vers Jacques
et à six pas de lui fait une révérence céré-
monieuse.*

JACQUES HURY

Bonjour, Mara!

MARA

Monseigneur, votre servante!

JACQUES HURY

Quelle est cette grimace?

MARA

Ne vous dois-je point hommage? n'êtes-vous
pas le maître céans, ne relevant que de Dieu
seul, comme le Roi de France lui-même et
l'Empereur Charlemagne?

JACQUES HURY

Raillez, mais cela est vrai tout de même!
Oui, Mara, c'est beau! Chère sœur je suis trop
heureux!

MARA

Je ne suis pas votre *chère sœur!* Je suis votre
servante puisqu'il le faut.

Homme de Braine! fils de la terre serve!
je ne suis pas votre sœur, vous n'êtes pas de
notre sang!

JACQUES HURY

Je suis l'époux de Violaine.

MARA

Vous ne l'êtes pas encore.

JACQUES HURY

Je le serai demain.

MARA

Qui sait?

JACQUES HURY

Mara, j'y ai mûrement pensé
Et je crois que vous avez rêvé cette histoire
que vous m'avez racontée l'autre jour.

MARA

Quelle histoire?

JACQUES HURY

Ne faites point l'étonnée.
Cette histoire du maçon, ce baiser clandestin
au point du jour.

MARA

C'est possible. J'ai mal vu. J'ai de bons yeux
pourtant.

JACQUES HURY

Et l'on m'a dit tout bas que l'homme est
lépreux!

MARA

Je ne vous aime pas, Jacques.
Mais vous avez le droit de tout savoir. Il
faut que tout soit net et clair à Monsanvierge
qui est en montrance sur tout le Royaume.

JACQUES HURY

Tout cela sera tiré à jour en ce moment.

MARA

Vous êtes fin et rien ne vous échappe.

JACQUES HURY

Je vois du moins que vous ne m'aimez pas.

MARA

Là! là! Que disais-je? que disais-je?

JACQUES HURY

Tout le monde ici n'est pas de votre sentiment.

MARA

Vous parlez de Violaine? Je rougis de cette petite fille.

Il est honteux de se donner ainsi,

Ame, chair, cœur, peau, le dessus, le dedans et la racine.

JACQUES HURY

Je sais qu'elle est entièrement à moi.

MARA

Oui.

Comme il dit bien cela! comme il est sûr de ces choses qui sont à lui! Brainard de Braine!

Ces choses seules sont à soi que l'on a faites, ou prises, ou gagnées.

JACQUES HURY

Mais moi, Mara, vous me plaisez et je n'ai
rien contre vous.

MARA

Comme tout ce qui est d'ici sans doute?

JACQUES HURY

Ce n'est pas ma faute que vous ne soyez pas
un homme et que je vous prenne votre bien!

MARA

Qu'il est fier et content! Regardez-le qui ne
peut se tenir de rire!
Allons! ne vous faites point de mal! riez!

Il rit.

Je connais bien votre figure, Jacques.

JACQUES HURY

Vous êtes fâchée de ne pouvoir me faire de
la peine.

MARA

Comme l'autre jour pendant que le père parlait,
Riant d'un œil et pleurant sec de l'autre.

JACQUES HURY

Ne suis-je pas maître d'un beau domaine?

MARA

Et le père était vieux, n'est-ce pas? Vous savez une chose ou deux de plus que lui?

JACQUES HURY

A chaque homme son temps.

MARA

C'est vrai, Jacques, vous êtes un grand beau jeune homme.
Le voilà qui devient tout rouge.

JACQUES HURY

Ne me tourmentez pas.

MARA

Tout de même, c'est dommage!

JACQUES HURY

Qu'est-ce qui est dommage?

MARA

Adieu, époux de Violaine! Adieu, maître de Monsanvierge, ah ah!

JACQUES HURY

Je vous ferai voir que je le suis.

MARA

Prenez l'esprit d'ici alors, Brainard de Braine!

Il croit que tout est à lui comme un paysan,
on vous fera voir le contraire!

Comme un paysan qui est à lui tout seul ce
qu'il y a de plus haut au milieu de son petit
champ tout plat!

Mais Monsanvierge est à Dieu et le maître
de Monsanvierge est l'homme de Dieu, qui
n'a rien

A lui, ayant tout reçu pour un autre.

C'est la leçon qu'on nous fait ici de père en
enfant. Il n'y a pas de place plus altière que la
nôtre.

Prenez l'esprit de vos maîtres, vilain vilain!

Fausse sortie.

Ah!
Violaine que j'ai rencontrée
M'a chargée d'un message pour vous.

JACQUES HURY

Que ne le disiez-vous plus tôt?

MARA

Elle vous attend près de la fontaine.

SCÈNE III

JACQUES HURY

O ma fiancée à travers les branches en
fleurs, salut!

> *Violaine est au-dehors, invisible.*

Violaine, que vous êtes belle!

VIOLAINE

Jacques! Bonjour, Jacques!
Ah! que vous êtes resté longtemps là-bas!

JACQUES HURY

Il me fallait tout dégager et vendre, me
rendre entièrement libre
Afin d'être l'homme de Monsanvierge seul
Et le vôtre.
— Quel est ce costume merveilleux?

VIOLAINE

Je l'ai mis pour vous. Je vous en avais parlé.
Ne le reconnaissez-vous pas?

C'est le costume des moniales de Monsanvierge, à peu près, moins le manipule seul, le costume qu'elles portent au chœur,

La dalmatique du diacre qu'elles ont privilège de porter, quelque chose du prêtre, elles-mêmes hosties,

Et que les femmes de Combernon ont le droit de revêtir deux fois :

Premièrement le jour de leurs fiançailles.

Elle entre.

Secondement de leur mort.

JACQUES HURY

Il est donc vrai, c'est le jour de nos fiançailles, Violaine?

VIOLAINE

Jacques, il est encore temps, nous ne sommes pas mariés encore!

Si vous n'avez voulu que faire plaisir à mon père, il est temps de vous reprendre encore, c'est de nous qu'il s'agit. Dites un mot seulement; je ne vous en voudrai pas, Jacques.

Car il n'y a pas encore de promesses entre nous deux et je ne sais si je vous plais encore.

JACQUES HURY

Que vous êtes belle, Violaine! Et que ce monde est beau où vous êtes.

Cette part qui m'avait été réservée!

VIOLAINE

C'est vous, Jacques, qui êtes ce qu'il y a de
meilleur au monde.

JACQUES HURY

Est-il vrai que vous acceptez d'être à moi?

VIOLAINE

Oui, c'est vrai, bonjour, mon bien-aimé! Je
suis à vous.

JACQUES HURY

Bonjour, ma femme! bonjour, douce Violaine!

VIOLAINE

Ce sont des choses bonnes à entendre,
Jacques!

JACQUES HURY

Il ne faudra plus jamais cesser d'être là!
Dites que vous ne cesserez plus jamais d'être
la même et l'ange qui m'est envoyé!

VIOLAINE

A jamais ce qui est à moi cela ne cessera pas
d'être vôtre.

JACQUES HURY

Et quant à moi, Violaine...

VIOLAINE

Ne dites rien. Je ne vous demande rien. Vous
êtes là et cela me suffit.
Bonjour, Jacques!
Ah, que cette heure est belle et je n'en
demande point d'autre.

JACQUES HURY

Demain sera plus beau encore!

VIOLAINE

Demain j'aurai quitté le vêtement magni-
fique.

JACQUES HURY

Mais vous serez si près de moi que je ne vous
verrai plus.

VIOLAINE

Bien près de vous en effet!

JACQUES HURY

Mais demain aux yeux de tous je prendrai
cette Reine entre mes bras.

VIOLAINE

Prends-la et ne la laisse pas aller.

Ah, prenez votre petite avec vous qu'on ne la retrouve plus et qu'on ne lui fasse aucun mal!

JACQUES HURY

Et vous ne regretterez point à ce moment le lin et l'or?

VIOLAINE

Ai-je eu tort de me faire belle pour une pauvre petite heure?

JACQUES HURY

Non, mon beau lys, je ne puis me lasser de te considérer dans ta gloire!

VIOLAINE

O Jacques! dites encore que vous me trouvez belle!

JACQUES HURY

Oui, Violaine!

VIOLAINE

La plus belle de toutes les femmes et que les autres ne sont rien pour vous?

JACQUES HURY

Oui, Violaine!

VIOLAINE

Et que vous m'aimez uniquement comme
l'époux le plus tendre aime le pauvre être qui
s'est donné à lui?

JACQUES HURY

Oui, Violaine.

VIOLAINE

Qui se donne à lui de tout son cœur, Jacques,
croyez-le, et qui ne réserve rien.

JACQUES HURY

Et vous, Violaine, ne me croyez-vous donc
pas?

VIOLAINE

Je vous crois, je vous crois, Jacques! je crois
en vous! J'ai confiance en vous, mon bien-
aimé!

JACQUES HURY

Pourquoi donc cet air d'inquiétude et d'effroi?
Montrez-moi votre main gauche.

Elle la montre.

Mon anneau n'y est plus.

VIOLAINE

Je vous expliquerai cela tout à l'heure, vous
serez satisfait.

JACQUES HURY

Je le suis, Violaine. J'ai foi en vous.

VIOLAINE

Je suis plus qu'un anneau, Jacques. Je suis un grand trésor.

JACQUES HURY

Voilà que vous doutez de moi encore.

VIOLAINE

Jacques! Après tout je ne fais aucun mal en vous aimant. C'est la volonté de Dieu et de mon père.

C'est vous qui avez charge de moi! Et qui sait si vous ne saurez pas bien me défendre et me préserver?

Il suffit que je me donne à vous complètement. Et le reste est votre affaire et non plus la mienne.

JACQUES HURY

Et c'est ainsi que vous vous êtes donnée à moi, ma fleur-de-soleil?

VIOLAINE

Oui, Jacques.

JACQUES HURY

Qui donc vous prendra d'entre mes bras?

VIOLAINE

Ah, que le monde est grand et que nous y sommes seuls!

JACQUES HURY

Pauvre enfant! je sais que votre père est parti.

Et moi aussi je n'ai plus personne avec moi pour me dire ce qu'il faut faire et ce qui est bien et mal.

Il faudra que vous m'aimiez, Violaine, comme je vous aime.

VIOLAINE

Mon père m'a abandonnée.

JACQUES HURY

Mais moi, Violaine, je vous reste.

VIOLAINE

Ni ma mère ne m'aime, ni ma sœur, bien que je ne leur aie fait aucun mal.

Et il ne me reste plus que ce grand homme terrible que je ne connais pas.

Il fait le geste de la prendre dans ses bras. Elle l'écarte vivement.

Ne me touchez pas, Jacques!

JACQUES HURY

Suis-je donc un lépreux? IRONY

VIOLAINE

Jacques, je veux vous parler, ah! que c'est
difficile!

Ne me manquez point, qui n'ai plus que
vous seul!

JACQUES HURY

Qui vous veut aucun mal?

VIOLAINE

Sachez ce que vous faites en me prenant
pour femme!

Laissez-moi vous parler bien humblement,
seigneur Jacques

Qui allez recevoir mon âme et mon corps en
commande des mains de Dieu et de mon père
qui les ont faits.

Et sachez la dot que je vous apporte qui
n'est point celle des autres femmes,

Mais cette sainte montagne en prière jour et
nuit devant Dieu, comme un autel toujours
fumant,

Et cette lampe toujours allumée dont notre
charge est de nourrir l'huile.

Et témoin n'est à notre mariage aucun
homme, mais ce Seigneur dont nous tenons seul
le fief,

Qui est le Tout-Puissant, le Dieu des Armées.

Et ce n'est point le soleil de Juin qui nous éclaire, mais la lumière même de Sa face.

JACQUES HURY

Violaine, non, je ne suis clerc, ni moine, ni béat.

Je ne suis pas le tourier et le convers de Monsanvierge.

J'ai une charge et je la remplirai

Qui est de nourrir ces oiseaux murmurants

Et de remplir ce panier qu'on descend du ciel chaque matin.

C'est écrit. C'est bien.

J'ai bien compris cela et me le suis mis dans la tête, et il ne faut pas m'en demander davantage.

Il ne faut pas me demander de comprendre ce qui est par-dessus moi et pourquoi ces saintes femmes se sont murées là-haut dans ce pigeonnier.

Aux célestes le ciel, et la terre aux terrestres.

Car le blé ne pousse pas tout seul et il faut un bon laboureur à celui d'ici.

Et cela, je peux dire sans me vanter que je le suis, et personne ne m'apprendra rien, ni votre père lui-même peut-être.

Car il était ancien et attaché à ses idées.

A chacun sa place, en cela est la justice.

Et votre père en vous donnant à moi

Ensemble avec Monsanvierge, a su ce qu'il faisait et cela est juste.

VIOLAINE

Mais moi, Jacques, je ne vous aime pas parce que cela est juste.

Et même si cela ne l'était pas, je vous aimerais encore et plus.

JACQUES HURY

Je ne vous comprends pas, Violaine.

VIOLAINE

Jacques, ne me forcez pas à parler! Vous m'aimez tant et je ne puis vous faire que du mal.

Laissez-moi! il ne peut y avoir de justice entre nous deux! mais la foi seulement et la charité. Éloignez-vous de moi quand il est encore temps.

JACQUES HURY

Je ne comprends pas, Violaine.

VIOLAINE

Mon bien-aimé, ne me forcez pas à vous dire mon grand secret.

JACQUES HURY

Un grand secret, Violaine?

VIOLAINE

Si grand que tout est consommé et vous ne
demanderez pas de m'épouser davantage.

JACQUES HURY

Je ne vous comprends pas.

VIOLAINE

Ne suis-je pas assez belle en ce moment,
Jacques? Que me demandez-vous encore?

Que demande-t-on d'une fleur

Sinon qu'elle soit belle et odorante une
minute, pauvre fleur, et après ce sera fini.

La fleur est courte, mais la joie qu'elle a donnée une minute

N'est pas de ces choses qui ont commence-
ment ou fin.

Ne suis-je pas assez belle? Manque-t-il quelque
chose? Ah! je vois tes yeux, mon bien-aimé!
est-ce qu'il y a rien en toi qui en ce moment
ne m'aime et qui doute de moi?

Est-ce que mon âme n'est pas assez? prends-la
et je suis encore ici et aspire-la jusques aux
racines qui est à toi!

Il suffit d'un moment pour mourir, et la
mort même l'un dans l'autre

Ne nous anéantira pas plus que l'amour, et
est-ce qu'il y a besoin de vivre quand on est
mort?

Que veux-tu faire de moi davantage? fuis,
éloigne-toi! Pourquoi veux-tu m'épouser? pourquoi veux-tu

Prendre pour toi ce qui est à Dieu seul?

La main de Dieu est sur moi et tu ne peux
me défendre!

O Jacques; nous ne serons pas mari et femme
en ce monde!

JACQUES HURY

Violaine, quelles sont ces paroles étranges, si
tendres, si amères? par quels sentiers insidieux
et funestes me conduisez-vous?

Je crois que vous voulez m'éprouver et vous
jouer de moi qui suis un homme simple et rude.

Ah, Violaine, que vous êtes belle ainsi! et
cependant j'ai peur et je vous vois dans ce
vêtement qui m'effraie!

Car ce n'est point la parure d'une femme,
mais le vêtement du Sacrificateur à l'autel,

De celui qui aide le prêtre, laissant le flanc
découvert et les bras libres!

Ah! je le vois, c'est l'esprit de Monsanvierge
qui vit en vous et la fleur suprême au-dehors
de ce jardin scellé!

Ah, ne tourne pas vers moi ce visage qui
n'est plus de ce monde! ce n'est plus ma chère
Violaine.

Assez d'anges servent la messe au ciel!

Ayez pitié de moi qui suis un homme sans

ailes et je me réjouissais de ce compagnon que
Dieu m'avait donné, et que je l'entendrais sou-
pirer, la tête sur mon épaule!

Doux oiseau! le ciel est beau, mais c'est une
belle chose aussi que d'être pris!

Et le ciel est beau! mais c'est une belle chose
aussi et digne de Dieu même, un cœur d'homme
que l'on remplit sans en rien laisser vide.

Ne me damnez pas par la privation de votre
visage!

Et sans doute que je suis un homme sans
lumière et sans beauté

Mais je vous aime, mon ange, ma reine, ma
chérie!

VIOLAINE

Ainsi je vous ai vainement averti et vous
voulez me prendre pour femme, et vous ne vous
laisserez pas écarter de votre dessein?

JACQUES HURY

Oui, Violaine.

VIOLAINE

Qui a pris une épouse, ils ne sont plus qu'une
âme en une seule chair et rien ne les séparera
plus.

JACQUES HURY

Oui, Violaine.

VIOLAINE

Vous le voulez!
Il ne convient donc plus que je réserve rien
et que je garde pour moi davantage
Ce grand, cet ineffable secret.

JACQUES HURY

Encore, ce secret, Violaine?

VIOLAINE

Si grand, Jacques, en vérité
Que votre cœur en sera rassasié,
Et que vous ne me demanderez plus rien,
Et que nous ne serons plus jamais arrachés
l'un à l'autre.
Une communication si profonde
Que la vie, Jacques, ni l'enfer, ni le ciel
même
Ne la feront plus cesser, ni ne feront cesser à
jamais ce
Moment où je vous l'ai révélé dans la
Fournaise de ce terrible soleil ici présent qui
nous empêchait presque de nous voir le visage!

JACQUES HURY

Parle donc!

VIOLAINE

Mais dites-moi d'abord une fois encore que
vous m'aimez.

JACQUES HURY

Je vous aime!

VIOLAINE

Et que je suis votre dame et votre seul amour?

JACQUES HURY

Ma dame, mon seul amour.

VIOLAINE

Connais le feu dont je suis dévorée!
Connais-la donc, cette chair que tu as tant aimée!
Venez plus près de moi.

Mouvement.

Plus près! plus près encore! tout contre mon côté. Asseyez-vous sur ce banc.

Silence.

Et donnez-moi votre couteau.

Il lui donne son couteau. Elle fait une incision dans l'étoffe de lin sur son flanc, à la place qui est sur le cœur et sous le sein gauche, et, penchée sur lui, des mains écartant l'ouverture, elle lui montre sa chair où la première tache de lèpre apparaît. Silence.

JACQUES HURY, *détournant
un peu le visage.*

Donnez-moi le couteau.
Violaine, je ne me suis pas trompé? Quelle
est cette fleur d'argent dont votre chair est
blasonnée?

VIOLAINE

Vous ne vous êtes pas trompé.

JACQUES HURY

C'est le mal? c'est le mal, Violaine?

VIOLAINE

Oui, Jacques.

JACQUES HURY

La lèpre!

VIOLAINE

Certes vous êtes difficile à convaincre.
Et il vous faut avoir vu pour croire.

JACQUES HURY

Et quelle est la lèpre la plus hideuse,
Celle de l'âme ou celle sur le corps?

VIOLAINE

Je ne puis rien dire de l'autre. Je ne connais

que celle du corps qui est un mal assez grand.

JACQUES HURY

Non, tu ne connais pas l'autre, réprouvée?

VIOLAINE

Je ne suis pas une réprouvée.

JACQUES HURY

Infâme, réprouvée,
Réprouvée dans ton âme et dans ta chair!

VIOLAINE

Ainsi, vous ne demandez plus à m'épouser,
Jacques?

JACQUES HURY

Ne te moque point, fille du diable!

VIOLAINE

Tel est ce grand amour que vous aviez pour
moi.

JACQUES HURY

Tel est ce lys que j'avais élu.

VIOLAINE

Tel est l'homme qui est à la place de mon
père.

JACQUES HURY

Tel est l'ange que Dieu m'avait envoyé.

VIOLAINE

« Ah, qui nous arrachera l'un à l'autre? Je
t'aime, Jacques, et tu me défendras, et je sais
que je n'ai rien à craindre entre tes bras. »

JACQUES HURY

Ne te moque point avec ces paroles affreuses!

VIOLAINE

Dis,
Ai-je manqué à ma parole? Mon âme ne te
suffisait point? As-tu assez de ma chair à
présent?
Oublieras-tu ta Violaine désormais et ce
cœur qu'elle t'a révélé?

JACQUES HURY

Éloigne-toi de moi!

VIOLAINE

Va, je suis assez loin, Jacques, et tu n'as rien
à craindre.

JACQUES HURY

Oui, oui,
Plus loin que tu ne l'as été de ton porc ladre!
Ce faiseur d'os à la viande gâtée.

VIOLAINE

C'est de Pierre de Craon que vous parlez?

JACQUES HURY

C'est de lui que je parle, que vous avez
baisé sur la bouche.

VIOLAINE

Et qui vous a raconté cela?

JACQUES HURY

Mara vous a vus de ses yeux.
Et elle m'a tout dit, comme c'était son devoir,
Et moi, misérable, je ne la croyais pas!
Allons, dis-le! mais dis-le donc! c'est vrai?
dis que c'est vrai!

VIOLAINE

C'est vrai, Jacques.
Mara dit toujours la vérité.

JACQUES HURY

Et il est vrai que vous l'avez embrassé sur
le visage?

VIOLAINE

C'est vrai.

JACQUES HURY

O damnée! les flammes de l'enfer ont-elles

tant de goût que vous les ayez ainsi convoitées toute vivante?

VIOLAINE, *très bas*.

Non point damnée.
Mais douce, douce Violaine! douce, douce Violaine!

JACQUES HURY

Et vous ne niez point que cet homme ne vous ait eue et possédée?

VIOLAINE

Je ne nie rien, Jacques.

JACQUES HURY

Mais je t'aime encore, Violaine! Ah, cela est trop cruel! Dis quelque chose, si tu as rien à dire et je le croirai! Parle, je t'en supplie! dis-moi que cela n'est pas vrai!

VIOLAINE

Je ne puis pas devenir toute noire en un instant, Jacques, mais dans quelques mois déjà, quelques mois encore,
Vous ne me reconnaîtrez plus.

JACQUES HURY

Dites-moi que tout cela n'est pas vrai.

VIOLAINE

Mara dit toujours la vérité et cette fleur
aussi sur moi que vous avez vue.

JACQUES HURY

Adieu, Violaine!

VIOLAINE

Adieu, Jacques.

JACQUES HURY

Dites, qu'allez-vous faire, misérable?

VIOLAINE

Quitter ces vêtements. Quitter cette maison.
Accomplir la loi. Me montrer au prêtre. Gagner...

JACQUES HURY

Eh bien?

VIOLAINE

... Le lieu qui est réservé aux gens de mon
espèce.
La ladrerie là-bas du Géyn.

JACQUES HURY

Quand cela?

VIOLAINE

Aujourd'hui. Ce soir même.

Long silence.

Il n'y a pas autre chose à faire.

JACQUES HURY

Il faut éviter le scandale.

Allez vous dévêtir et prendre une robe de voyage, et je vous dirai ce qu'il est convenable de faire.

Ils sortent.

SCÈNE IV

Toute cette scène peut être jouée de telle façon que le public ne voie que les gestes et n'entende pas les paroles.

MARA, *entrant vivement.*

Ils viennent ici. Je pense que le mariage est rompu. M'entends-tu?
Tais-toi,
Et ne va pas rien dire.

LA MÈRE

Comment?
O méchante! vilaine! tu as obtenu ce que tu voulais!

MARA

Laisse faire. Ce n'est qu'un moment. D'aucune façon
Ça ne se serait fait. Puisque c'est moi donc

Qu'il doit épouser et non pas elle. Cela sera mieux pour elle mêmement. Il faut que cela soit ainsi. Entends-tu?

Tais-toi!

LA MÈRE

Qui t'a dit cela?

MARA

Est-ce que j'ai besoin qu'on me dise quelque chose? J'ai tout vu en plein dans leurs figures. Je les ai chopés tout chauds. J'ai tout débrouillé en rien-temps.

Et Jacques, le pauvre homme, il me fait pitié.

LA MÈRE

J'ai regret de ce que j'ai dit!

MARA

Tu n'as rien dit, tu ne sais rien, tais-toi!

Et s'ils te disent quelque chose, n'importe quoi qu'ils te racontent,

Dis comme eux, fais ce qu'ils voudront. Il n'y a plus rien à faire.

LA MÈRE

J'espère que tout est pour le mieux.

SCÈNE V

Entrent Jacques Hury, puis Violaine, tout en noir, habillée comme pour un voyage.

LA MÈRE

Qu'est-ce qu'il y a, Jacques? Qu'est-ce qu'il y a, Violaine?

Pourquoi est-ce que tu as mis ce costume comme si tu allais partir?

VIOLAINE

Je vais partir aussi.

LA MÈRE

Partir? partir toi aussi?

Jacques! que s'est-il passé entre vous?

JACQUES HURY

Il ne s'est rien passé.

Mais vous savez que je suis allé voir ma mère à Braine et j'en reviens à l'heure même.

LA MÈRE

Eh bien?

JACQUES HURY

Vous savez qu'elle est vieille et elle dit qu'elle veut voir et bénir
Sa bru avant de mourir.

LA MÈRE

Ne peut-elle attendre le mariage?

JACQUES HURY

Elle est malade, elle ne peut attendre.
Et ce temps de la moisson aussi où il y a tant à faire,
N'est pas celui de se marier.
Nous avons causé de cela tout à l'heure, Violaine et moi, tout à l'heure bien gentiment,
Et nous avons décidé qu'il était préférable d'attendre
L'automne.
Jusque-là elle sera à Braine chez ma mère.

LA MÈRE

C'est toi qui le veux ainsi, Violaine?

VIOLAINE

Oui, mère.

LA MÈRE

Mais quoi! est-ce que tu veux partir aujour-
d'hui même?

VIOLAINE

Ce soir même.

JACQUES HURY

C'est moi qui l'accompagnerai.
Le temps presse et l'ouvrage aussi en ce mois
de foin et de moisson. Je ne suis déjà resté que
trop longtemps absent.

LA MÈRE

Reste, Violaine! Ne t'en va pas de chez nous,
toi aussi!

VIOLAINE

Ce n'est que pour un peu de temps, mère!

LA MÈRE

Un peu de temps, tu le promets?

JACQUES HURY

Un peu de temps, et quand viendra l'automne,
La voici avec nous de nouveau, pour ne plus
nous quitter.

LA MÈRE

Ah, Jacques! pourquoi la laissez-vous partir?

JACQUES HURY

Croyez-vous que cela ne me soit pas dur?

MARA

Mère, ce qu'ils disent tous les deux est raisonnable.

LA MÈRE

Il est dur de voir mon enfant me quitter.

VIOLAINE

Ne soyez pas triste, mère!

Qu'importe que nous attendions quelques jours? Ce n'est qu'un peu de temps à passer.

Ne suis-je pas sûre de votre affection? et de celle de Mara? et de celle de Jacques, mon fiancé?

Jacques, n'est-ce pas? Il est à moi comme je suis à lui et rien ne peut nous séparer! Regardez-moi, cher Jacques. Voyez-le qui pleure de me voir partir!

Ce n'est point le moment de pleurer, mère! ne suis-je pas jeune et belle, et aimée de tous?

Mon père est parti, il est vrai, mais il m'a laissé l'époux le plus tendre, l'ami qui jamais ne m'abandonnera.

Ce n'est donc point le moment de pleurer, mais de se réjouir. Ah, chère mère, que la vie est belle et que je suis heureuse!

MARA

Et vous, Jacques, que dites-vous? Vous
n'avez pas un air joyeux.

JACQUES HURY

N'est-il pas naturel que je sois triste?

MARA

Sus! ce n'est qu'une séparation de quelques
mois.

JACQUES HURY

Trop longue pour mon cœur.

MARA

Écoute, Violaine, comme il a bien dit ça!
Eh quoi, ma sœur, si triste vous aussi? Sou-
riez-moi de cette bouche charmante! Levez
ces yeux bleus que notre père aimait tant.
Voyez, Jacques! Regardez votre femme, qu'elle
est belle quand elle sourit!
On ne vous la prendra pas! qui serait triste
quand il a pour éclairer sa maison ce petit
soleil?
Aimez-nous-la bien, méchant homme! Dites-
lui de prendre courage.

JACQUES HURY

Courage, Violaine!

Vous ne m'avez pas perdu, nous ne sommes pas perdus l'un pour l'autre!

Voyez que je ne doute pas de votre amour, est-ce que vous doutez du mien davantage?

Est-ce que je doute de vous, Violaine? est-ce que je ne vous aime pas, Violaine? Est-ce que je ne suis pas sûr de vous,

Violaine?

J'ai parlé de vous à ma mère, songez qu'elle est si heureuse de vous voir.

Il est dur de quitter la maison de vos parents. Mais où vous serez vous aurez un abri sûr et que nul n'enfreindra.

Ni votre amour, ni votre innocence, chère Violaine, n'ont à craindre.

LA MÈRE

Ce sont des paroles bien aimables.

Et cependant il y a en elles, et dans celles que tu viens de me dire, mon enfant,

Je ne sais quoi d'étrange et qui ne me plaît pas.

MARA

Je ne vois rien d'étrange, ma mère.

LA MÈRE

Violaine! si je t'ai fait de la peine tout à l'heure, mon enfant,

Oublie ce que je t'ai dit.

VIOLAINE

Vous ne m'avez point fait de peine.

LA MÈRE

Laisse-moi donc t'embrasser.

Elle lui ouvre les bras.

VIOLAINE

Non, mère.

LA MÈRE

Eh quoi?

VIOLAINE

Non.

MARA

Violaine, c'est mal! as-tu peur que nous te touchions? pourquoi nous traites-tu ainsi comme des lépreux?

VIOLAINE

J'ai fait un vœu.

MARA

Quel vœu?

VIOLAINE

Que nul ne me touche.

MARA

Jusqu'à ton retour ici?

Silence. Elle baisse la tête.

JACQUES HURY

Laissez-la. Vous voyez qu'elle a de la peine.

LA MÈRE

Éloignez-vous un instant.

Ils s'éloignent.

Adieu, Violaine!

Tu ne me tromperas pas, mon enfant, tu ne tromperas pas la mère qui t'a faite.

Ce que je t'ai dit est dur, mais vois-moi qui ai bien de la peine, qui suis vieille.

Toi, tu es jeune et tu oublieras.

Mon homme est parti et voici mon enfant qui se détourne de moi.

La peine qu'on a n'est rien, mais celle qu'on a faite aux autres

Empêche de manger son pain.

Songe à cela, mon agneau sacrifié, et dis-toi : Ainsi je n'ai fait de la peine à personne.

Je t'ai conseillé ce que j'ai cru le meilleur! ne m'en veuille pas, Violaine, sauve ta sœur, est-ce qu'il faut la laisser se perdre?

Et voici le bon Dieu avec toi qui est ta récompense.

C'est tout. Tu ne reverras plus ma vieille
figure. Que Dieu soit avec toi!

Et tu ne veux pas m'embrasser, mais je puis
au moins te bénir, douce, douce Violaine!

VIOLAINE

Oui, mère! oui, mère!

*Elle s'agenouille, et la Mère fait le signe
de la Croix au-dessus d'elle.*

JACQUES HURY, *revenant.*

Venez, Violaine, il est temps.

MARA

Va et prie pour nous.

VIOLAINE, *criant.*

Je te donne mes robes, Mara, et toutes mes
affaires!

N'aie pas peur, tu sais que je n'y ai pas tou-
ché.

Je ne suis pas entrée dans cette chambre.

— Ah! ah! ma pauvre robe de mariée qui était
si jolie!

*Elle écarte les bras comme pour chercher
un appui. Tous demeurent éloignés d'elle.
Elle sort en chancelant suivie de Jacques.*

ACTE III

SCÈNE PREMIÈRE

Le pays de Chevoche. La veille de Noël. Des paysans, hommes, femmes et enfants, sont au travail dans la forêt. Au milieu, un feu au-dessus duquel est suspendue une marmite.

De chaque côté de la scène, deux espèces de colosses faits de fagots, avec une collerette et une souquenille de toile blanche, ayant une croix rouge sur la poitrine, un tonneau pour tête dont les bords sont découpés en dents de scie comme pour faire une couronne, avec une sorte de visage grossièrement peint en rouge; une longue trompette s'adapte à la bonde, maintenue par une planche comme par un bras.

Tombée du jour. Neige par terre et ciel de neige.

LE MAIRE DE CHEVOCHE

Voilà. Le Roi peut venir.

UN OUVRIER

I peut venir à c't'heure. Nous ons bin fait not' part.

LE MAIRE DE CHEVOCHE, *regardant
avec satisfaction.*

C'est moult beau! Aussi que tout le monde
s'y est mis, tant qu'y en a, les hommes, les
femmes et les tiots enfants,

Et que c'était la plus sale partie avec toutes
ces mauvaisetés et ces éronces, et le marais.

C'est pas les malins de Bruyères qui nous
ont fait la barbe.

UN OUVRIER

C'est leu t'chemin qu'en a, de la barbe, et les
dents'core avec tous ces chicots, qu'ils ont
laissés!

Ils rient.

L'APPRENTI, *pédantesquement,
d'une voix affreusement aigre et glapissante.*

*Vox clamantis in deserto : Parate viam Domini
et erunt prava in directa et aspera in vias planas.*
— C'est vrai que vous avez bien travaillé. Je
vous félicite, bonnes gens. C'est comme chemin de la Fête-Dieu.

(Montrant les géants.) Et quelles sont, Mes-
sieurs, ces deux belles et révérendes personnes?

UN OUVRIER

Sont-i pas bin beaux? C'est l'pé Vincent,
le vieil ivrogne, qu'les a faits.

I dit qu'c'est le grand Roi d'Abyssinie et sa femme Bellotte.

> *Il lui envoie un baiser.*

L'APPRENTI

Pour moi je croyais que c'était Gog et Magog.

LE MAIRE DE CHEVOCHE

C'est les deux Anges de Chevoche qui viennent saluer le Roi leur sire.

On y boutera le feu quand i passera.

— Écoutez!

> *Ils écoutent tous.*

UN OUVRIER

Oh! non, ce n'est pas encore lui. On entendrait les cloches de Bruyères sonner.

UN AUTRE

I ne sera pas ici avant minuit. Il a soupé à Fisme.

UN AUTRE

On s'ra bien ici pour voir. Je n'bouge mie.

UN AUTRE

T'as à manger, Perrot? J'ai pus qu'un morceau de pain qu'est tout gelé.

LE MAIRE

N'aie pas peur. Y a un quartier de porc dans la marmite; et des crépinettes, et le chevreuil qu'on a tué;

Et trois aunes de boudin, et des pommes, et un bon petit tonneau de vin de la Marne.

L'APPRENTI

Je reste avec vous.

UNE FEMME

Et qu'vlà un bon petit Noël.

L'APPRENTI

C'est le jour de Noël que le roi Clovis fut à Rheims baptisé.

UNE AUTRE FEMME

C'est le jour de Noël que not'roi Charles revient se faire sacrer.

UNE AUTRE

C'est une simple fille, de Dieu envoyée,
Qui le ramène à son foyer.

UNE AUTRE

Jeanne, qu'on l'appelle.

UNE AUTRE

La Pucelle!

UNE AUTRE

Qu'est née la nuit de l'Épiphanie!

UNE AUTRE

Qui a chassé les Anglais d'Orléans qu'ils
assiégeaient!

UN AUTRE

Et qui va les chasser de France mêmement
tretous! Ainsi soit-il!

UN AUTRE, *fredonnant.*

Noël! Ki Ki Ki Ki Ki Noël! Noël nouvelet!
Rrr! qu'il fait froué!

> *Il se serre dans son manteau.*

UNE FEMME

Faut bin regarder si qu'y aura un petit
homme tout en rouge près du Roi. C'est elle.

UNE AUTRE

Sur un grand cheval noir.

LA PREMIÈRE

Y a six mois qu'elle gardait les vaches encore
ed son pé.

UNE AUTRE

Et maintenant elle tient une bannière où
qu'y a Jésus en écrit.

UN OUVRIER

Et qu'les Anglais se sauvent devant comme souris.

UN AUTRE

Gare aux mauvais Bourguignons de Saponay!

UN AUTRE

I seront tous à Rheims au petit matin.

UN AUTRE

Quoi qu'i font les ceusses ed là-bas?

L'APPRENTI

Les deux cloches de la Cathédrale, Baudon et Baude,

Commencent à sonner au *Gloria* de Minuit, et jusqu'à l'arrivée des Français elles ne cesseront plus de badonguer.

Tout le monde garde chez lui une cire allumée jusqu'au matin.

On attend que le Roi soit là pour la messe de l'Aurore qui est « *Lux fulgebit* ».

Tout le clergé ira à sa rencontre, trois cents prêtres avec l'Archevêque en chapes d'or, et les réguliers, et le Maire, et la commune.

Ça sera bien beau sur la neige sous le soleil clair et gaillard et tout le peuple chantant Noël!

Et l'on dit que le Roi veut descendre de son
cheval et entrer dans sa bonne ville sur un
âne, comme Notre-Seigneur.

LE MAIRE

Comment donc que vous n'êtes pas resté
là-bas?

L'APPRENTI

C'est maître Pierre de Craon qui m'a envoyé
chercher du sable.

LE MAIRE

Quoi! c'est à cela qu'il s'occupe en ce moment?

L'APPRENTI

Il dit que le temps est court.

LE MAIRE

Mais à quoi mieux l'employer qu'à faire cette
route, comme nous autres?

L'APPRENTI

Il dit que son métier n'est pas de faire des
routes pour le Roi, mais une demeure pour
Dieu.

LE MAIRE

A quoi sert Rheims, si le Roi n'y peut aller?

L'APPRENTI

A quoi la route, s'il n'y a pas d'église au bout?

LE MAIRE

Ce n'est pas un bon Français...

L'APPRENTI

Il dit qu'il ne sait rien que son métier. Celui qui parle politique chez nous, on lui noircit le nez avec le cul de la poêle.

LE MAIRE

Il n'a pu même venir à bout de sa Justice depuis dix ans qu'on y travaille.

L'APPRENTI

Si fait! toute la pierre est finie et la charpente est posée; il n'y a plus que la flèche qui n'a pas encore fini de pousser.

LE MAIRE

On dit qu'il est lépreux.

L'APPRENTI

Ce n'est pas vrai! Je l'ai vu tout nu l'été dernier qui se baignait dans l'Aisne à Soissons. Je peux le dire!
Il a la chair saine comme celle d'un enfant.

LE MAIRE

C'est drôle tout de même. Pourquoi qu'i s'a tenu caché si longtemps?

L'APPRENTI

C'est un mensonge!

LE MAIRE

Je sais, je suis plus vieux que vous. Faut pas vous fâcher, petit homme. Ça ne fait rien qu'i soit malade ed son corps.

C'est pas d'son corps qu'i travaille.

L'APPRENTI

Faudrait pas qu'il vous entende dire ça! Je me rappelle comment il a puni l'un de nous qui restait tout le temps dans son coin à dessiner :

Il l'a envoyé toute la journée sur les échafauds avec les maçons pour les servir et leur passer leurs auges et leurs pierres,

Disant qu'au bout de la journée, il saurait deux choses ainsi mieux que par règle et par dessin : le poids qu'un homme peut porter et la hauteur de son corps.

Et de même que la grâce de Dieu multiplie chacune de nos bonnes actions,

C'est ainsi qu'il nous a enseigné ce qu'il appelle « le Sicle du Temple », et cette demeure

de Dieu dont chaque homme qui fait ce qu'il
peut

Avec son corps est comme un fondement
secret;

Ce que sont le pouce et la main et la coudée
et notre envergure et le bras étendu et le cercle
que l'on fait avec,

Et le pied et le pas;

Et comment rien de tout cela n'est le même
jamais.

Croyez-vous que le corps fut indifférent au
père Noé quand il fit l'arche? est-ce qu'il est
indifférent,

Le nombre de pas qu'il y a de la porte à
l'autel, et la hauteur à laquelle il est permis à
l'œil de s'élever, et le nombre d'âmes que les
deux côtés de l'Église contiennent réservées?

Car l'artiste païen faisait tout du dehors, et
nous faisons tout de par dedans comme les
abeilles,

Et comme l'âme fait pour le corps : rien n'est
inerte, tout vit,

Tout est *action* de grâces.

LE MAIRE

Le petit homme parle bien.

UN OUVRIER

Écoutez-le comme une agache tout plein des
paroles de son maître.

LE MAIRE

Parlez avec respect de Pierre de Craon!

LE MAIRE

C'est vrai qu'il est bourgeois de Rheims et on
l'appelle le Maître du Compas,
Comme autrefois on appelait Messire Loys
Le Maître de la Règle.

UN AUTRE

Jette du bois dans le feu, Perrot, v'là qu'i
commence à neiger.

*En effet. La nuit est complètement venue.
Entre Mara en noir, portant une espèce de
paquet sous son manteau.*

MARA

C'est ici les gens de Chevoche?

LE MAIRE

C'est nous.

MARA

Loué soit Jésus-Christ.

LE MAIRE

Ainsi soit-il!

MARA

C'est chez vous qu'est la logette du Géyn?

LE MAIRE

Où habite la lépreuse?

MARA

Oui.

LE MAIRE

Ce n'est pas chez nous tout à fait, mais jouxtant.

UN AUTRE

Vous voulez voir la lépreuse?

MARA

Oui.

L'HOMME

On ne peut pas la voir; elle a toujours un voile sur le voult comme c'est ordonné.

UN AUTRE

Et bien ordonné! c'est pas moi qui ai envie de la regarder.

MARA

Voilà longtemps que vous l'avez?

L'HOMME

Huit ans t'à l'heure, et on voudrait bin ne pas
l'avoir.

MARA

Est-ce qu'elle a fait du mal à personne?

L'HOMME

Non, mais tout de même c'est enguignant à
avoir près de chez soi, c'te varmine de gens.

LE MAIRE

Et puis c'est la commune qui la nourrit.

MARA

Elle vit toute seule ainsi, dans les bois comme
une bête?

L'HOMME A

Tiens dites donc, vous, vous êtes bonne! A
n'aurait qu'à vous ficher la maladie!

L'HOMME B

Il y a le prêtre qui va lui dire la messe de
temps en temps.

L'HOMME C

Mais pas de danger qu'il entre, vous pensez!

On lui a fait dehors une espèce... Comment qu'on dit?... une espèce de pipitre.

L'APPRENTI

Un échafaud.

L'HOMME C

C'est ça, un échafaud. Elle s'en sert pour dire la messe aux bêtes fausses!

MARA

Qu'est-ce qu'il dit?

UNE FEMME

C'est raide, tout droit la vérité, comme on vous le dit elle prêche aux chevreux et aux lapins au clair de lune.

C'est not' Thibaud la misère qui l'a vue un jour la nuit qui revenait de la fête à Coincy.

UNE AUTRE FEMME

Tous les lapins qu'i disait qui étaient assis bien honnêtement tous en rond sur leurs petits derrières pour l'écouter.

UNE AUTRE FEMME

C'est le renard qu'était le Suisse et le grand loup blanc qu'était le marguillier.

L'HOMME B

C'est agréable d'avoir ça dans la commune!

LE MAIRE

La commune qu'est chargée de la nourrir par-dessus le marché.

L'HOMME A

Tiens! Même qu'on a oublié de lui porter à manger depuis trois jours avec c't'affaire ed la route.

UNE FEMME

Et quoi que vous y voulez à c'te femme?

Elle ne répond pas et reste debout, regardant le feu.

UNE FEMME

C'est comme qui dirait un enfant que vous t'nez dans les bras?

UNE AUTRE

I fait bin froid pour promener les tiots enfants à c't'heure.

MARA

Il n'a pas froid.

Silence. On entend dans la nuit sous les arbres le bruit d'une cliquette de bois.

UNE VIEILLE FEMME

Tenez! la vlà justement! vlà sa clique! Sainte Vierge! qué dommage qu'a soit pas morte!

UNE FEMME

A vient demander son manger. Pas de danger qu'elle oublie!

UN HOMME

Qûé malheur d'nourrir c'te varmine.

UN AUTRE

J'tez-lui quéqu'chose. Faut pas qu'elle approche de nous. A n'aurait qu'à nous donner la poison.

UN AUTRE

Pas de viande, Perrot! C'est maigre, c'est la veille de Noël!

Ils rient.

Jette-lui ce michon de pain qu'est gelé. C'est bin assez pour elle.

L'HOMME, *criant.*

Hé, Sans-figure! Hé, Jeanne, que je dis! hé là, la d'vourée!

On voit la forme noire de la lépreuse sur la neige. Mara la regarde.

Attrape!

Il lui jette à toute volée un morceau de pain. Elle se baisse et le ramasse, puis s'éloigne. Mara se met en marche pour la suivre.

UN HOMME

Où qu'elle va?

UN AUTRE

Eh bin la femme! holà! où que vous allez,
quoi que vous faites?

Elles s'éloignent.
Le rideau se baisse un moment. Violaine
voilée et manœuvrant la cliquette passe sur
le devant de la scène, suivie de Mara.

SCÈNE II

Pour le décor, on se sert de celui des autres actes où l'on a supprimé les escaliers. Dans la baie du haut on a mis une cloche, dans celle du bas une espèce de statue mutilée.

En avant, une espèce d'estrade assez large à laquelle on accède par deux ou trois marches surmontées par une grande croix de bois à laquelle est adossé un siège.

En avant aussi, un pupitre surmonté d'une lampe accrochée à une potence.

VIOLAINE

Qui est ici,
Qui n'a pas craint d'unir ses pas à ceux de la lépreuse?
Et sachez que son voisinage est un danger et son haleine pernicieuse.

MARA

C'est moi, Violaine.

VIOLAINE

O voix depuis longtemps inentendue! Est-ce vous, ma mère?

MARA

C'est moi, Violaine.

VIOLAINE

C'est votre voix et une autre. Laissez-moi allumer ce feu, car il fait très froid. Et cette torche aussi.

Elle allume un feu de tourbe et de bruyère, au moyen de braises conservées dans un pot, puis la torche.

MARA

C'est moi, Violaine, Mara, ta sœur.

VIOLAINE

Chère sœur, salut! Que c'est bien d'être venue! Mais ne me crains-tu point?

MARA

Je ne crains rien au monde.

VIOLAINE

Que ta voix est devenue semblable à celle de maman!

MARA

Violaine, notre chère mère n'est plus.

Silence.

VIOLAINE

La pièce de toile qu'elle avait tissée de ses mains pour lui servir de linceul...

MARA

N'aie pas peur, on s'en est servi.

VIOLAINE

Pauvre maman! Dieu ait son âme.

MARA

Et le père n'est pas revenu encore.

VIOLAINE

Et vous deux?

MARA

Cela va bien.

VIOLAINE

Tout va comme vous le voulez à la maison?

MARA

Tout va bien.

VIOLAINE

Je sais qu'il ne peut en être autrement
Avec Jacques et toi.

MARA

Tu verrais ce que nous avons fait! Nous avons
trois charrues de plus. Tu ne reconnaîtrais pas
Combernon.
Et nous allons abattre ces vieux murs,
Maintenant que le Roi est revenu.

VIOLAINE

Et vous êtes heureux ensemble, Mara?

MARA

Oui. Nous sommes heureux. Il m'aime
Comme je l'aime.

VIOLAINE

Loué soit Dieu.

MARA

Violaine!
Tu ne vois pas ce que je tiens entre mes
bras?

VIOLAINE

Je ne vois pas.

MARA

Lève donc ce voile.

VIOLAINE

J'en ai sous celui-là un autre.

MARA

Tu ne vois plus?

VIOLAINE

Je n'ai plus d'yeux.
L'âme seule tient dans le corps péri.

MARA

Aveugle!
Comment donc marches-tu si droit?

VIOLAINE

J'entends.

MARA

Qu'entends-tu?

VIOLAINE

Les choses exister avec moi.

MARA, *profondément*.

Et moi, Violaine, m'entends-tu?

VIOLAINE

Dieu m'a donné l'intelligence
Qui est avec nous tous en même temps.

MARA

M'entends-tu, Violaine?

VIOLAINE

Ah, pauvre Mara!

MARA

M'entends-tu, Violaine?

VIOLAINE

Que veux-tu de moi, chère sœur?

MARA

Louer ce Dieu avec toi qui t'a faite pesti-
férée.

VIOLAINE

Louons-le donc, en cette veille de sa Nativité.

MARA

Il est facile d'être une sainte quand la lèpre
nous sert d'appoint.

VIOLAINE

Je ne sais, ne l'étant point.

MARA

Il faut bien se tourner vers Dieu quand le reste n'est plus là.

VIOLAINE

Lui du moins ne manquera pas.

MARA, *doucement.*

Peut-être, qui le sait, Violaine, dis?

VIOLAINE

La vie manque et non point la mort où je suis.

MARA

Hérétique! es-tu sûre de ton salut?

VIOLAINE

Je le suis de sa bonté, qui a pourvu.

MARA

Nous en voyons les arrhes.

VIOLAINE

J'ai foi en Dieu qui m'a fait ma part.

MARA

Que sais-tu de Lui qui est invisible et que rien ne manifeste?

VIOLAINE

Il ne l'est pas devenu plus pour moi que n'est le reste.

MARA, *ironiquement.*

Il est avec toi, petite colombe, et Il t'aime?

VIOLAINE

Comme avec tous les misérables, Lui-même.

MARA

Certes son amour est grand!

VIOLAINE

Comme celui du feu pour le bois quand il prend.

MARA

Il t'a durement châtiée.

VIOLAINE

Pas plus que je ne l'avais mérité.

MARA

Et déjà celui à qui tu avais livré ton corps t'a oubliée.

VIOLAINE

Je n'ai pas livré mon corps!

MARA

Douce Violaine! menteuse Violaine! ne t'ai-je point vue tendrement embrasser Pierre de Craon ce matin d'un beau jour de juin?

VIOLAINE

Tu as vu tout et il n'y a rien d'autre.

MARA

Pourquoi donc le baisais-tu si précieusement?

VIOLAINE

Le pauvre homme était lépreux et moi, j'étais si heureuse ce jour-là!

MARA

En toute innocence, n'est-ce pas?

VIOLAINE

Comme une petite fille qui embrasse un pauvre petit garçon.

MARA

Dois-je le croire, Violaine?

VIOLAINE

C'est vrai.

MARA

Ne dis donc point que c'est de ton gré que tu m'as laissé Jacques.

VIOLAINE

Non, ce n'est pas de mon gré, je l'aimais!
Je ne suis pas si bonne.

MARA

Fallait-il qu'il t'aimât encore, étant lépreuse?

VIOLAINE

Je ne l'attendais pas.

MARA

Qui aimerait une lépreuse?

VIOLAINE

Mon cœur est pur!

MARA

Mais qu'est-ce que Jacques en savait? Il te
tient criminelle.

VIOLAINE

Notre mère m'avait dit que tu l'aimais.

MARA

Ne dis point que c'est elle qui t'a rendue
lépreuse.

VIOLAINE

Dieu m'a prévenue de sa grâce.

MARA

De sorte que quand la mère t'a parlé...

VIOLAINE

... C'était Lui-même encore que j'entendais.

MARA

Mais pourquoi te laisser croire parjure?

VIOLAINE

N'aurais-je donc rien fait de mon côté?
Pauvre Jacquin! Fallait-il lui laisser aucun
regret de moi?

MARA

Dis que tu ne l'aimais point.

VIOLAINE

Je ne l'aimais point, Mara?

MARA

Mais moi, je ne l'aurais pas ainsi lâché!

VIOLAINE

Est-ce moi qui l'ai lâché?

MARA

Mais moi, je serais morte!

VIOLAINE

Est-ce que je suis vivante?

MARA

Maintenant je suis heureuse avec lui.

VIOLAINE

Paix sur vous!

MARA

Et je lui ai donné un enfant, Violaine! une
chère petite fille. Une douce petite fille.

VIOLAINE

Paix sur vous!

MARA

Notre joie est grande. Mais la tienne l'est
davantage avec Dieu.

VIOLAINE

Et moi aussi j'ai connu la joie il y a huit
ans et mon cœur en était ravi,

Tant, que je demandai follement à Dieu,
ah! qu'elle dure et ne cesse jamais!

Et Dieu m'a étrangement écoutée! Est-ce
que ma lèpre guérira? Non pas, autant qu'il y
aura une parcelle de chair mortelle à dévorer.

Est-ce que l'amour en mon cœur guérira?

Jamais, tant qu'il y aura une âme immortelle
à lui fournir aliment.

Est-ce que ton mari te connaît, Mara?

MARA

Quel homme connaît une femme?

VIOLAINE

Heureuse qui peut être connue à fond et se
donner tout entière.

Jacques, tout ce que je pouvais donner,
qu'en aurait-il fait?

MARA

Tu as transféré à Un Autre ta foi?

VIOLAINE

L'amour a fait la douleur et la douleur a fait
l'amour.

Le bois où l'on a mis le feu ne donne pas de
la cendre seulement mais une flamme aussi.

MARA

A quoi sert cet aveugle qui ne donne aux
autres

Lumière ni chaleur?

VIOLAINE

N'est-ce pas déjà beaucoup qu'il me serve?

Ne reproche pas cette lumière à la créature calcinée

Visitée jusque dans ses fondations, qui la fait voir en elle-même!

Et si tu passais une seule nuit dans ma peau tu ne dirais pas que ce feu n'a pas de chaleur.

Le mâle est prêtre, mais il n'est pas défendu à la femme d'être victime.

Dieu est avare et ne permet qu'aucune créature soit allumée,

Sans qu'un peu d'impureté s'y consume,

La sienne ou celle qui l'entoure, comme la braise de l'encensoir qu'on attise!

Et certes le malheur de ce temps est grand.

Ils n'ont point de père. Ils regardent et ne savent plus où est le Roi et le Pape.

C'est pourquoi voici mon corps en travail à la place de la chrétienté qui se dissout.

Puissante est la souffrance quand elle est aussi volontaire que le péché!

Tu m'as vue baiser ce lépreux, Mara? Ah, la coupe de la douleur est profonde,

Et qui y met une fois la lèvre ne l'en retire plus à son gré!

MARA

Prends donc aussi la mienne avec toi!

VIOLAINE

Je l'ai déjà prise.

MARA

Violaine! s'il y a encore quelque chose de
vivant et qui est ma sœur sous ce voile et cette
forme anéantie,

Souviens-toi que nous avons été des enfants
ensemble! aie pitié de moi!

VIOLAINE

Parle, chère sœur. Aie confiance! Dis tout!

MARA

Violaine, je suis une infortunée, et ma douleur est plus grande que la tienne!

VIOLAINE

Plus grande, sœur?

MARA, *avec un grand cri ouvrant son manteau
et levant au bout de ses bras
le cadavre d'un petit enfant.*

Regarde! prends-le!

VIOLAINE

Qu'est-ce que c'est?

MARA

Regarde, je te dis! prends-le! Prends-le, je
te le donne.

Elle lui met le cadavre dans les bras.

VIOLAINE

Ah, je sens un petit corps raide! une pauvre
petite figure glacée!

MARA

Ha! ha! Violaine! Mon enfant! ma petite fille!
C'est sa petite figure si douce! c'est son pauvre
petit corps!

VIOLAINE, *à voix basse.*

Morte, Mara?

MARA

Prends-la, je te la donne!

VIOLAINE

Paix, Mara!

MARA

Ils voulaient me l'arracher, mais moi je ne
me la suis pas laissé prendre! et je me suis sauvée avec elle.

Mais toi, prends-la, Violaine! Tiens, prends-la,
tu vois, je te la donne.

VIOLAINE

Que veux-tu que je fasse, Mara?

MARA

Ce que je veux que tu fasses? ne m'entends-tu pas?

Je te dis qu'elle est morte! je te dis qu'elle
est morte!

VIOLAINE

Son âme vit en Dieu. Elle suit l'Agneau.
Elle est avec les bienheureuses petites filles.

MARA

Mais elle est morte pour moi!

VIOLAINE

Tu me donnes bien son corps; donne le reste
à Dieu.

MARA

Non! non! non! tu ne me donneras point le
change avec tes paroles de béguine! Non, je
ne me laisserai point apaiser.

Ce lait qui me cuit aux seins, il crie vers Dieu
comme le sang d'Abel!

Est-ce que j'ai cinquante enfants à m'arracher du corps? est-ce que j'ai cinquante âmes
à m'arracher de la mienne?

Est-ce que tu sais ce que c'est que de se
déchirer en deux et de mettre au-dehors ce
petit être qui crie?

Et la sage-femme m'a dit que je n'enfanterai
plus.

Et quand j'aurais cent enfants, ce ne serait
pas ma petite Aubaine.

VIOLAINE

Accepte, soumets-toi.

MARA

Violaine, tu le sais, j'ai la tête dure. Je suis celle qui ne se rend pas et qui n'accepte rien.

VIOLAINE

Pauvre sœur!

MARA

Violaine, c'est si doux, ces petits, et cela fait si mal, cette cruelle petite bouche, quand elle vous mord dedans!

VIOLAINE, *caressant le visage.*

Comme son petit visage est froid!

MARA, *à voix basse.*

Il ne sait rien encore.

VIOLAINE, *de même.*

Il n'était pas à la maison?

MARA

Il est à Rheims pour vendre son blé. Elle est morte tout d'un coup, en deux heures.

VIOLAINE

A qui ressemblait-elle?

MARA

A lui, Violaine. Elle n'est pas seulement de moi, elle est de lui aussi. Ses yeux seulement sont les miens.

VIOLAINE

Pauvre Jacquin!

MARA

Ce n'est pas pour t'entendre dire : Pauvre Jacquin! que je suis venue ici.

VIOLAINE

Que veux-tu donc de moi?

MARA

Violaine, veux-tu voir cela? Dis! sais-tu ce que c'est qu'une âme qui se damne?

De sa propre volonté pour le temps éternel?

Sais-tu ce qu'il y a dans le cœur quand on blasphème pour de bon?

J'ai un diable, pendant que je courais, qui me chantait une petite chanson.

Veux-tu entendre ces choses qu'il m'a apprises?

VIOLAINE

Ne dis pas ces choses affreuses!

MARA

Rends-moi donc mon enfant que je t'ai donné!

VIOLAINE

Tu ne m'as donné qu'un cadavre.

MARA

Et toi, rends-le-moi vivant!

VIOLAINE

Mara! qu'oses-tu dire?

MARA

Je n'accepte pas que mon enfant soit mort.

VIOLAINE

Est-ce qu'il est en mon pouvoir de ressusciter les morts?

MARA

Je ne sais, je n'ai que toi à qui je puisse avoir recours.

VIOLAINE

Est-ce qu'il est en mon pouvoir de ressusciter les morts comme Dieu?

MARA

A quoi est-ce que tu sers alors?

VIOLAINE

A souffrir et à supplier!

MARA

Mais à quoi est-ce qu'il sert de souffrir et de
supplier si tu ne me rends pas mon enfant?

VIOLAINE

Dieu le sait, à qui c'est assez que je le serve.

MARA

Mais moi, je suis sourde et je n'entends pas!
et je crie vers toi de la profondeur où je suis!
Violaine! Violaine!

Rends-moi cet enfant que je t'ai donné! Eh
bien! je cède, je m'humilie! aie pitié de moi!

Aie pitié de moi, Violaine! et rends-moi cet
enfant que tu m'as pris.

VIOLAINE

Celui-là seul qui l'a pris peut le rendre!

MARA

Rends-le-moi donc. Ah! je sais que tout cela
est ta faute.

VIOLAINE

Ma faute?

MARA

Soit, non,
La mienne, pardonne-moi! Mais rends-le-moi,
ma sœur!

VIOLAINE

Mais tu vois qu'il est mort.

MARA

Tu mens! il n'est pas mort! Ah! fillasse, ah,
cœur de brebis! ah, si j'avais accès comme toi
à ton Dieu,
Il ne m'arracherait pas mes petits si facile-
ment!

VIOLAINE

Demande-moi de recréer le ciel et la terre!

MARA

Mais il est écrit que tu peux souffler sur cette
montagne et la jeter dans la mer.

VIOLAINE

Je le puis, si je suis une sainte.

MARA

Il faut être une sainte quand une misérable
te supplie.

VIOLAINE

Ah! suprême tentation!

Je jure, et je déclare, et je proteste devant
Dieu que je ne suis pas une sainte!

MARA

Rends-moi donc mon enfant!

VIOLAINE

Mon Dieu, vous voyez mon cœur!

Je jure et je proteste devant Dieu que je ne
suis pas une sainte!

MARA

Violaine, rends-moi mon enfant!

VIOLAINE

Pourquoi ne me laisses-tu pas en paix? Pourquoi viens-tu ainsi me tourmenter dans ma
tombe?

Est-ce que je vaux quelque chose? est-ce que
je dispose de Dieu? est-ce que je suis comme
Dieu?

C'est Dieu même que tu me demandes de
juger seulement.

MARA

Je ne te demande que mon enfant seulement.

Pause.

VIOLAINE, *levant le doigt.*

Écoute.

> *Silence. Cloches au loin presque imperceptibles.*

MARA

Je n'entends rien.

VIOLAINE

Ce sont les cloches de Noël, les cloches qui nous annoncent la messe de Minuit!
O Mara, un petit enfant nous est né!

MARA

Rends-moi donc le mien.

> *Trompettes dans l'éloignement.*

VIOLAINE

Qu'est cela?

MARA

C'est le Roi qui va-t-à Rheims. N'as-tu point entendu de cette route que les paysans taillaient tout au travers de la forêt?

(Et cela fait aussi du bois pour eux.)

C'est une petite pastourelle qui le conduit, par le milieu de la France

A Rheims pour qu'il s'y fasse sacrer.

VIOLAINE

Loué soit Dieu qui fait ces grandes choses!
Les cloches de nouveau, très claires.

MARA

Comme les cloches sonnent le *Gloria!* Le vent
porte sur nous. Il y a trois villages à la fois qui
sonnent.

VIOLAINE

Prions avec tout l'univers! Tu n'as pas froid,
Mara?

MARA

Je n'ai froid qu'au cœur.

VIOLAINE

Prions. Voici longtemps que nous avons fait
Noël ensemble.

Ne crains point. J'ai pris ta douleur avec
moi. Regarde! et ce que tu m'as donné est
caché sur mon cœur avec moi.

Ne pleure point! Ce n'est pas le moment de
pleurer, quand le salut de tous les hommes est
déjà né.

Cloches au loin, moins distinctes.

MARA

Il ne neige plus et les étoiles brillent.

VIOLAINE

Regarde! vois-tu ce livre?

MARA

Je le vois.

VIOLAINE

Prends-le, veux-tu, et lis-moi l'office de Noël, la première leçon de chacun des trois Nocturnes.

MARA

A qui le lirai-je?

VIOLAINE

Lis-le à Dieu. Lis-le aux Anges. Lis-le à toute la terre. Moi je rentre dans la nuit, par-dessus ma nuit pour t'écouter.

> *Violaine est descendue de l'estrade, emportant l'enfant. Elle s'enfonce au fond de la* cella *ménagée dans la paroi de l'édifice en ruine qui lui sert d'abri.*
>
> *Mara monte sur l'estrade, s'installe devant le pupitre d'où elle procède à la lecture.*
>
> *Elle lit* recto tono *les premières lignes de la prophétie. Peu à peu sa voix baisse pendant que dans la forêt les chants surnaturels se font entendre.*

MARA, *lisant.*

PROPHÉTIE D'ISAIE

Au premier temps fut allégée la terre de Zabulon et la terre de Nephtali, et au dernier fut aggravée la voie de la mer au-delà du Jourdain de la Galilée des Nations. Le peuple qui marchait dans les ténèbres a vu une grande lumière; ceux qui habitaient dans la région de l'ombre de la mort, la lumière leur est née.

Silence. Chants.

MARA, *reprenant sa lecture.*

SERMON DE SAINT LÉON PAPE

Notre Sauveur, mes bien-aimés, est né en ce jour-ci : soyons joyeux. Et en effet il n'est ouverture à la tristesse, quand c'est le jour natal de la vie : qui, la crainte consumée de la mort, met en nous la joie de l'éternité promise. Nul d'une part à cette allégresse n'est exclu.

Sonnerie éclatante et prolongée de trompettes, toute proche. — Grands cris au travers de la forêt.

MARA

Le Roi! Le Roi de France!

De nouveau et une fois encore sonnerie des trompettes indiciblement déchirante, solennelle et triomphale.

MARA, *à voix basse.*

Le Roi de France, qui va-t-à Rheims!

Silence.

Violaine!

Elle crie de toutes ses forces.

M'entends-tu, Violaine?

Silence. Elle reprend sa lecture.

... Que le pécheur se réjouisse à cause qu'il
est invité au pardon! Que le Gentil espère
parce qu'il est invité à la vie! Car le Fils de
Dieu selon la plénitude de ce temps que l'inscru-
table profondeur du divin conseil a disposée...

Silence. Chants des anges.

MARA

Violaine, je ne suis pas digne de lire ce livre!
Violaine, je sais que je suis trop dure et j'en
ai regret : je voudrais être autrement.

Silence.

MARA, *avec un effort, reprenant le livre,
d'une voix tremblante.*

LECTURE DU SAINT ÉVANGILE
SELON SAINT LUC

Elle se lève.

En ce temps-là l'édit fut issu de César Auguste

que toute la terre fût mise par écrit. Et le reste.

HOMÉLIE DE SAINT GRÉGOIRE PAPE

Pour ce que, par la grâce de Dieu, nous devons aujourd'hui trois fois célébrer les solennités de la messe.

De même.

Le livre tremble violemment entre les mains de Mara. Elle finit par le laisser tomber et elle reste debout dans le clair de lune dans une attitude de panique. Le jour commence à poindre.

VIOLAINE, *soudain poussant un cri étouffé.*
Ah!

Mara se dirige vers la cella. *Elle s'y enfonce et en revient à reculons entraînant Violaine avec elle. Elle l'amène jusque sur le devant de la scène et là, tout à coup, ayant vu l'enfant qui bougeait, elle se rejette en arrière.*

MARA

Violaine, qu'est-ce qui bouge sur toi? Qu'est-ce qui bouge sur toi? Je te demande ce qui bouge ainsi sur toi!

VIOLAINE

Paix, Mara! Voici le jour de Noël où toute joie est née.

MARA

Quelle joie y a-t-il pour moi sinon que mon enfant vive?

VIOLAINE

Et nous aussi un petit enfant nous est né!

MARA

Ça bouge, ça bouge, ça bouge! O mon Dieu, je vois que cela bouge de nouveau.

Au nom du Dieu vivant, que dis-tu là?

VIOLAINE

« Voici que je vous annonce une grande joie... »

Pauvre sœur! elle pleure. Elle a eu trop de peine aussi.

Prends, Mara! Veux-tu me laisser toujours cet enfant?

Elle lui tend l'enfant.

MARA

Il vit!

Mara se jette sur l'enfant et l'arrache violemment à sa sœur.

VIOLAINE, *monte sur l'estrade,*
les deux mains jointes, et s'écrie.

Gloire à Dieu!

MARA

Il vit!

VIOLAINE

Paix aux hommes sur la terre!

MARA

Il vit! Il vit!

VIOLAINE

Il vit et nous vivons.
Et la face du Père apparaît sur la terre renais-
sante et consolée.

MARA

Mon enfant vit!

VIOLAINE, *levant le doigt.*

Écoute!

Silence.

J'entends l'Angélus qui sonne à Monsanvierge.

Elle se signe et prie. L'enfant se réveille.

MARA, *à voix très basse.*

C'est moi, Aubaine, me reconnais-tu?

L'enfant s'agite et geint.

Quoi qu'i gnia, ma joie? quoi qu'i gnia, mon
trésor?

> *L'enfant ouvre les yeux, regarde sa mère
> et se met à pleurer. Mara le regarde atten-
> tivement.*

Violaine!

Qu'est-ce que cela veut dire? Ses yeux étaient
noirs,

Et maintenant ils sont devenus bleus comme
les tiens.

> *Silence.*

Ah!

Et quelle est cette goutte de lait que je vois
sur ses lèvres?

> *On entend les cloches de Monsanvierge
> qui sonnent dans le lointain.*

ACTE IV

SCÈNE PREMIÈRE

La seconde partie de la nuit. La salle du premier acte. Dans la cheminée, les charbons jettent une faible lueur. Au milieu, une longue table sur laquelle une nappe étroite dont les pans retombent également aux deux bouts. La porte est ouverte à deux battants, découvrant la nuit étoilée. Un flambeau allumé est posé au milieu de la table.

Entre Jacques Hury, comme s'il cherchait quelqu'un. Il sort et ramène Mara par le bras.

JACQUES HURY

Que fais-tu là?

MARA

Il me semblait que j'entendais un bruit de char là-bas en bas dans la vallée.

JACQUES HURY, *prêtant l'oreille.*

Je n'entends rien.

MARA

C'est vrai, tu n'entends rien. Mais moi, j'ai l'oreille vivante et le jas de l'œil ouvert.

JACQUES HURY

Tu ferais mieux de dormir.

MARA

Dis, toi-même, tu ne dors pas toujours si bien.

JACQUES HURY

Je pense, j'essaye de comprendre.

MARA

Qu'est-ce que tu essayes de comprendre?

JACQUES HURY

Aubaine. Cette enfant malade et qui allait mourir. Et un beau jour, je rentre, et on me dit que tu t'es sauvée avec elle comme une folle.

C'était le temps de Noël. Et le jour des Innocents, la voilà qui revient avec l'enfant. Guérie!

Guérie. Elle était guérie.

MARA

C'est un miracle.

JACQUES HURY

Oui. Tantôt c'est la Sainte Vierge, si on te croyait, et tantôt c'est je ne sais quelle âme sainte quelque part qui a fait le miracle.

MARA

Ni l'un ni l'autre. C'est moi qui ai fait le miracle.

En sursaut.

Écoute!

Ils prêtent l'oreille.

JACQUES HURY

Je n'entends rien.

MARA, *frissonnante.*

Ferme cette porte. C'est gênant!

Il pousse la porte.

JACQUES HURY

Ce qu'il y a de sûr est que la figure maintenant ne ressemble pas la même.
La même bien sûr et pas la même. Les yeux par exemple, c'est changé.

MARA

Dis, mon malin, tu as remarqué cela tout seul?

Voilà ce qui arrive quand le bon Dieu se mêle de nos affaires.

Et toi, mêle-toi des tiennes!

Violemment.

Et qu'est-ce qu'il a donc à regarder tout le temps c'te porte?

JACQUES HURY

C'est toi qui ne cesses pas de l'écouter.

MARA

J'attends.

JACQUES HURY

J'attends qui? j'attends quoi?

MARA

J'attends mon père!

Mon père, Anne Vercors, qui est parti, il y a sept ans!

Ma parole, je crois qu'il l'a déjà oublié!

Ce vieux bonhomme, tu te rappelles? Anne Vercors qu'on l'appelait.

Tout de même, le maître de Combernon, ça n'a pas toujours été Jacques Hury.

JACQUES HURY

Bien! s'il revient, il retrouvera les terres en bon état.

MARA

Et la maison de même. Sept ans déjà qu'il
est parti.

A voix basse.

Je l'entends qui revient.

JACQUES HURY

On ne revient pas beaucoup de Terre Sainte.

MARA

Et s'il était vivant, depuis sept ans il aurait
trouvé moyen de nous donner de ses nouvelles.

JACQUES HURY

C'est loin, la Terre Sainte, faut passer la mer.

MARA

Il y a les pirates, il y a les Turcs, il y a les
accidents, il y a la maladie, il y a les mauvaises
gens.

JACQUES HURY

Même ici on n'entend parler que de mal-
faisance.

MARA

Cette femme par exemple qu'on me dit
qu'on vient de la retrouver au fond d'un trou
à sable.

JACQUES HURY

Quelle femme?

MARA

Une lépreuse qu'on dit.

Peut-être c'est-i que c'est qu'elle y est tombée toute seule.

Qu'est-ce qu'elle faisait à se promener? Tant
pis pour elle!

Et peut-être tout de même qu'on l'a poussée.
Quelqu'un.

JACQUES HURY

Une lépreuse?

MARA

Ah! ah! cela te fait dresser l'oreille? Rien
qu'une petite lèpre, on dit que ça fait mal aux
yeux. Et quand on ne voit pas clair, faut pas
se promener.

Et tout le monde, on n'aime pas ce voisi-
nage-là, peut-être bien! Un accident est bientôt
arrivé.

JACQUES HURY

Tout de même, si le père revient, c'est pas
sûr qu'il soit tellement contenté.

MARA

Mara! qu'il dira tout de suite. C'est Mara
qu'il aimait le mieux.

Quel bonheur de savoir que c'est elle à la fin qui a attrapé Monsieur Jacques!

Et qu'elle dort toutes les nuits à son côté comme une épée nue.

JACQUES HURY

Et sa fille, sa petite-fille, est-ce qu'il ne sera pas content de l'embrasser?

MARA

« Quelle belle enfant! dira-t-il. Et quels jolis yeux bleus! cela me rappelle quelque chose! »

JACQUES HURY, *comme s'il parlait
à la place du père.*

« Et la mère, où est-elle? »

MARA, *avec une révérence.*

Pas ici pour le moment, Monseigneur! Dame, quand on va à Jérusalem, faut pas s'attendre à retrouver tout le monde! C'est long, sept ans!

C'est Mara maintenant qui occupe sa place au coin du feu.

JACQUES HURY, *comme précédemment.*

« Bonjour, Mara! »

MARA

Bonjour, père!

Anne Vercors pendant ce temps est entré par le côté de la scène et se trouve derrière eux. Il porte le corps de Violaine entre ses bras.

ANNE VERCORS

Bonjour, Jacques!

SCÈNE II

Anne Vercors fait le tour de la table et va se placer derrière elle à la place où se trouve la cathèdre. Il regarde l'un après l'autre Jacques et Mara.

ANNE VERCORS

Bonjour, Mara!

Elle ne répond rien.

JACQUES HURY

Père! quelle est cette chose dans votre manteau que vous nous apportez?

Et qu'est-ce que c'est que ce corps mort entre vos bras?

ANNE VERCORS

Aide-moi à l'étendre tout du long sur cette table.

Doucement! doucement, mon petit!

*Ils étendent le corps sur la table et Anne
Vercors le recouvre de son manteau.*

La voilà! c'est elle! c'est la table où je vous ai
rompu le pain à tous, le jour de mon départ.

Bonjour, Jacques! Bonjour, Mara! Tous deux
sont là à ma place et mon royaume en leur personne continue,

La terre sur qui d'un bout à l'autre, comme
un grand peuplier

Tantôt plus longue et tantôt se raccourcissant,

S'étend l'ombre d'Anne Vercors.

Et pour ce qui est de la mère, j'ai entendu,

Et je sais qu'elle m'attend en ce lieu où je
ne serai pas long à la rejoindre.

JACQUES HURY

Père! Je vous demande quelle est cette chose
que vous nous avez apportée entre les bras,

Et quel est ce corps mort qui se trouve là
étendu sur cette table?

ANNE VERCORS

Non point mort, Jacques, non point mort
tout à fait. Ne vois-tu pas qu'elle respire?

JACQUES HURY

Père, qui est-ce?

ANNE VERCORS

Quelque chose que j'ai trouvé sur mon chemin hier dans un grand trou à sable.

J'ai entendu cette voix qui m'appelait faiblement.

JACQUES HURY

Une lépreuse, n'est-ce pas?

ANNE VERCORS

Une lépreuse. Qui te l'a dit? Tu savais cela
déjà? C'est Mara sans doute qui te l'a dit.

JACQUES HURY

Et pourrais-je vous demander pourquoi vous
me rapportez dans cette honnête maison qui est
la mienne, une lépreuse?

ANNE VERCORS

Veux-tu nous mettre à la porte tous les deux?
C'est elle qui me l'a demandé, la bouche
contre mon oreille,
De l'apporter ici. De la rapporter ici.
Elle peut parler encore. Mais hélas! que
sont-ils devenus, ces beaux yeux de Violaine,
mon enfant? Ils ne sont plus.

JACQUES HURY

Et est-ce qu'elle entend ce que nous disons?

ANNE VERCORS

Je ne sais. Elle demande la paix. Elle demande

que tu ne sois plus en colère contre elle. Et
Mara aussi, si elle est en colère.

Il regarde Violaine étendue.

Je demande pardon.

JACQUES HURY

Je ne suis pas en colère.

ANNE VERCORS

Ses yeux, pauvre enfant! elle n'a plus d'yeux!
Mais le cœur bat encore.
Faiblement, faiblement!
Toute la nuit j'ai entendu le cœur de mon
enfant qui battait contre le mien et elle essayait
de me serrer fort contre elle,
Faiblement, faiblement!
Et le cœur de temps en temps s'arrêtait et
puis il reprenait sa petite course blessée.
Pan pan pan! pan pan pan! Père! Père!

JACQUES HURY

Et est-ce qu'elle vous a parlé de moi aussi?

ANNE VERCORS

Oui, Jacques.

JACQUES HURY

Et de cet autre aussi... Elle était ma fiancée!...
je dis cet autre un matin de mai...

ANNE VERCORS

De qui veux-tu parler?

JACQUES HURY

Pierre de Craon! Ce ladre, ce mésel! ce voleur!
Ce maçon, il y a sept ans, qui était venu pour
ouvrir le flanc de Monsanvierge!

Silence.

ANNE VERCORS

Il n'y a pas eu de péché entre Violaine et
Pierre.

JACQUES HURY

Et que dites-vous de ce chaste baiser qu'elle
a échangé avec lui un matin de mai?

Silence.

*Anne Vercors fait lentement un signe
négatif avec la tête.*

*Jacques Hury va chercher Mara en la
tirant par le poignet et il lui fait lever la
main droite.*

Un matin de mai! Mara jure qu'un matin de
mai, s'étant levée de bonne heure,

Elle a vu cette Violaine ici présente qui bai-
sait tendrement ce Pierre de Craon sur la
bouche.

Silence.

ANNE VERCORS

Je dis non.

JACQUES HURY

Et alors, votre Mara, elle a menti?

ANNE VERCORS

Elle n'a pas menti.

JACQUES HURY

Moi, moi, moi, son fiancé! elle n'avait jamais permis que je la touche!

ANNE VERCORS

J'ai vu Pierre de Craon à Jérusalem. Il était guéri.

JACQUES HURY

Guéri?

ANNE VERCORS

Guéri. Et c'est pour cela précisément qu'il était allé là-bas en accomplissement de son vœu.

JACQUES HURY

Il est guéri, et moi je suis damné!

ANNE VERCORS

Et c'est pour te guérir aussi, Jacques mon

enfant, que je suis venu t'apporter ces reliques
vivantes.

JACQUES HURY

Père! père! j'avais une enfant aussi qui était
près de mourir.
Aubaine, qu'elle s'appelle,
Et voilà qu'elle a été guérie!

ANNE VERCORS, *avec un geste.*

Grâces à Dieu!

JACQUES HURY

Grâces à Dieu!
Mais cette bouche, cette bouche de votre fille,
cette bouche que vous m'aviez donnée, cette
fille que vous m'aviez donnée. Cette bouche,
elle n'était pas à elle, elle est à moi! Je dis
cette bouche et le souffle de vie qu'il y a entre
les lèvres!

ANNE VERCORS

La bouche de la femme, avant l'homme elle
est à Dieu, qui au jour du baptême l'a salée de
sel. Et c'est à Dieu seul qu'elle dit : « Qu'Il me
baise d'un baiser de Sa bouche! »

JACQUES HURY

Elle ne s'appartenait plus! Je lui avais donné
mon anneau!

ANNE VERCORS

Regarde-le qui brille à son doigt.

JACQUES HURY, *stupéfait.*

C'est vrai!

ANNE VERCORS

C'est Pierre de Craon là-bas qui me l'a remis
et je l'ai replacé au doigt de la donatrice.

JACQUES HURY

Et le mien, n'est-ce pas, c'est ce que vous
pensez, il fait la paire avec celui de Mara!

ANNE VERCORS

Respecte-le davantage.

JACQUES HURY

Un matin de mai! Père! père! tout riait
autour d'elle! Elle m'aimait, et je l'aimais.
Tout était à elle et je lui avais tout donné!

ANNE VERCORS

Jacques, mon enfant! écoute, comprends!
C'était trop beau! ce n'était pas acceptable.

JACQUES HURY

Que voulez-vous dire?

ANNE VERCORS

Jacques, mon enfant! le même appel que le
père a entendu, la fille aussi, elle lui a prêté
l'oreille!

JACQUES HURY

Quel appel?

ANNE VERCORS, *comme s'il récitait.*

*L'Ange de Dieu a annoncé à Marie et elle a
conçu de l'Esprit-Saint.*

JACQUES HURY

Qu'est-ce qu'elle a conçu?

ANNE VERCORS

Toute la grande douleur de ce monde autour
d'elle, et l'Église coupée en deux, et la France
pour qui Jeanne a été brûlée vive, elle l'a vue!
Et c'est pourquoi elle a baisé ce lépreux, sur la
bouche, sachant ce qu'elle faisait.

JACQUES HURY

Une seconde! en une seconde elle a décidé
cela?

ANNE VERCORS

Voici la servante du Seigneur.

JACQUES HURY

Elle a sauvé le monde et je suis perdu!

ANNE VERCORS

Non, Jacques n'est pas perdu, et Mara n'est
pas perdue quand elle le voudrait, et Aubaine,
elle est vivante!

Et rien n'est perdu, et la France n'est pas
perdue, et voici que de la terre jusqu'au ciel
bon gré mal gré

D'espérance et de bénédiction se lève une
poussée irrésistible!

Le Pape est à Rome et le Roi est sur son
trône.

Et moi, je m'étais scandalisé comme un Juif,
parce que la face de l'Église est obscurcie, et
parce qu'elle marche en chancelant son chemin
dans l'abandon de tous les hommes.

Et j'ai voulu de nouveau me serrer contre le
tombeau vide, mettre ma main dans le trou de
la croix, comme cet apôtre dans celui des mains
et des pieds et du cœur.

Mais ma petite fille Violaine a été plus sage!

Est-ce que le but de la vie est de vivre? est-ce
que les pieds des enfants de Dieu sont attachés
à cette terre misérable?

Il n'est pas de vivre, mais de mourir! et non
point de charpenter la croix, mais d'y monter
et de donner ce que nous avons en riant!

Là est la joie, là est la liberté, là la grâce, là

la jeunesse éternelle! et vive Dieu si le sang du
vieillard sur la nappe du sacrifice près de celui
du jeune homme

Ne fait pas une tache aussi rouge, aussi
fraîche que celui de l'agneau d'un seul an!

O Violaine! enfant de grâce! chair de ma chair!
Aussi loin que le feu fumeux de la ferme l'est de
l'étoile du matin,

Quand cette belle vierge sur le sein du soleil
pose sa tête illuminée,

Puisse ton père tout en haut pour l'éternité
te voir à cette place qui t'a été réservée!

Vive Dieu si où passe ce petit enfant le père
ne passe pas aussi!

De quel prix est le monde auprès de la vie?
et de quel prix la vie, sinon pour s'en servir et
pour la donner?

Et pourquoi se tourmenter quand il est si
simple d'obéir et que l'ordre est là?

C'est ainsi que Violaine toute prompte suit la
main qui prend la sienne.

JACQUES HURY

O Violaine! ô cruelle Violaine! désir de mon
âme, tu m'as trahi!

O détestable jardin! ô amour inutile et
méprisé, jardin à la male heure planté!

Douce Violaine! perfide Violaine! ô silence et
profondeur de la femme!

Est-ce que tu ne me diras rien? est-ce que tu

ne me réponds pas? est-ce que tu continueras
de te taire?

M'ayant trompé avec des paroles perfides,

M'ayant trompé avec ce sourire amer et char-
mant,

Elle s'en va où je ne puis la suivre.

Et moi, avec ce trait empoisonné dans le
flanc,

Il va falloir que je vive et continue!

Bruits de la ferme qui se réveille.

C'est l'alouette qui monte en haut
Qui prie Dieu pour qu'i fasse beau!
Pour son père et pour sa mère
Et pour ses petits patriaux!

ANNE VERCORS

Le jour se lève! J'entends la ferme qui se
réveille et toute la cavalerie de ma terre dans
son pesant harnachement quatre par quatre,

Ces lourds quadriges dont il est parlé dans la
Bible qui se préparent à l'évangile du soc et de
la gerbe.

Il va ouvrir à deux battants la grande
porte. Le jour pénètre à flots dans la salle.

JACQUES HURY

Père, regardez! regardez cette terre qui est à
vous et qui vous attendait, le sourire sur les
lèvres!

Votre domaine, cet océan de sillons, jusques au bout de la France! Il n'a pas démérité entre mes mains!

La terre au moins, elle ne m'a pas trompé, et moi non plus, je ne l'ai pas trompée, cette terre fidèle, cette terre puissante! Il y a un homme à Combernon! La foi jurée, le mariage qu'il y a entre elle et moi, je l'ai respecté.

ANNE VERCORS

Ce n'est plus le temps de la moisson, c'est celui des semailles. La terre assez longtemps nous a nourris, et moi, il est temps que je la nourrisse à mon tour

Se retournant vers Violaine.

De ce grain inestimable.

JACQUES HURY, *se tordant les bras.*

Violaine, Violaine! m'entends-tu, Violaine?

MARA, *elle s'avance violemment.*

Elle n'entend pas! Votre voix ne porte pas jusqu'à elle! Mais moi, je saurai me faire entendre.

D'une voix basse et intense.

Violaine! Violaine! je suis ta sœur! m'entends-tu, Violaine?

JACQUES HURY

Sa main! J'ai vu cette main remuer!

MARA

Ha ha ha! vous le voyez? elle entend! elle a
entendu!

Cette voix, cette même voix de sa sœur qui
un certain jour de Noël a fait force jusqu'au
fond de ses entrailles!

JACQUES HURY

Père, père! elle est folle! vous entendez ce
qu'elle dit?

Ce miracle... cet enfant... je suis fou... elle est
folle!

ANNE VERCORS

Elle a dit vrai. Je sais tout.

MARA

Non, non, non! je ne suis pas folle! Et elle,
regardez! elle entend, elle sait, elle a compris!
Pan pan pan!...

Qu'est-ce qu'il disait, le père, tout à l'heure
qu'est-ce qu'il dit, le premier coup de l'Angélus?

ANNE VERCORS

*L'Ange de Dieu a annoncé à Marie et elle a
conçu de l'Esprit-Saint.*

MARA

Et qu'est-ce qu'il dit, le second coup?

ANNE VERCORS

Voici la servante du Seigneur, qu'il me soit fait suivant votre volonté.

MARA

Et qu'est-ce qu'il dit, le troisième coup?

ANNE VERCORS

Et le Verbe s'est fait chair et il a habité parmi nous.

MARA

Et le Verbe s'est fait chair et il a habité parmi nous!

Et le cri de Mara, et l'appel de Mara, et le rugissement de Mara, et lui aussi, il s'est fait chair au sein de cette horreur, au sein de cette ennemie, au sein de cette personne en ruine, au sein de cette abominable lépreuse!

Et cet enfant qu'elle m'avait pris,

Du fond de mes entrailles j'ai crié si fort qu'à la fin je le lui ai arraché, je l'ai arraché de cette tombe vivante,

Cet enfant à moi que j'ai enfanté et c'est elle qui l'a mis au monde.

JACQUES HURY

C'est elle qui a fait cela?

MARA

Tu sais tout! oui, cette nuit, la nuit de Noël!

Aubaine, je t'ai dit qu'elle était malade, ce
n'était pas vrai, elle était morte! un petit corps
glacé!

Et tu dis que c'est elle qui a fait cela? C'est
Dieu, c'est Dieu qui a fait cela! tout de même
j'ai été la plus forte! c'est Mara, c'est Mara qui
a fait cela!

> *Jacques Hury pousse une espèce de cri,
> et, repoussant violemment Mara, il se jette
> aux pieds de Violaine.*

MARA

Il se met à genoux! cette Violaine qui l'a
trahi pour un lépreux.

(Et cette terre qui suffit à tout le monde,
elle n'était pas bonne pour elle!)

Et cette parole qu'elle avait jurée, avec ses
lèvres elle l'a mise entre les lèvres d'un lépreux...

JACQUES HURY

Tais-toi!

MARA

Violaine! c'est elle seule qu'il aime! C'est elle
seule qu'ils aimaient tous!

C'est elle seule qu'ils aimaient tous! et voilà
son père qui l'abandonne, et sa mère bien doucement qui la conseille, et son fiancé comme
il a cru en elle!

Et c'était là tout leur amour. Le mien est
d'une autre nature!

JACQUES HURY

C'est vrai! Et je sais aussi que c'est toi qui
as conduit Violaine jusqu'à ce trou de sable,
Une main par la main qui la tirait et l'autre
qui la pousse.

MARA

Il sait cela! rien ne lui échappe.

JACQUES HURY

Ai-je dit vrai ou non?

MARA

Et fallait-il que cet homme qui m'appartient
et qui est à moi soit coupé en deux? une moitié
ici et l'autre dans le bois de Chevoche?
Et fallait-il que mon enfant qui est à moi
fût coupé en deux et qu'il eût deux mères?
L'une pour le corps et l'autre pour son âme?
C'est moi! c'est moi qui ai fait cela!

*Sourdement et avec accablement, regar-
dant ses mains :*

C'est moi, c'est moi qui ai fait cela!

ANNE VERCORS

Non, Mara, ce n'est pas toi, c'est un autre

qui te possédait. Mara, mon enfant! tu souffres
et je voudrais te consoler!

Il est revenu à la fin, il est à toi pour toujours ce père jadis que tu aimais!

Mara, Violaine! ô mes deux petites filles! ô
mes deux petits enfants dans mes bras! Toutes
les deux, je vous aimais et vos cœurs ensemble
ne faisaient qu'un avec le mien.

MARA, *avec un cri déchirant.*

Père, père! mon enfant était mort et c'est
elle qui l'a ressuscité!

VOIX D'ENFANT AU-DEHORS

> *Marguerite de Paris*
> *Prête-moi tes souliers gris*
> *Pour aller en paradis!*
> *Qu'i fait beau!*
> *Qu'i fait chaud!*
> *J'entends le petit oiseau*
> *Qui fait pi i i i!*

*Au milieu de la chanson Violaine élève
lentement le bras et elle le laisse retomber à
côté de Jacques.*

VIOLAINE

Père, c'est joli, cette chanson, je la reconnais!
c'est celle que nous chantions autrefois quand

nous allions chercher des mûres le long des haies,
Nous deux Mara!

ANNE VERCORS

Violaine, c'est Jacques qui est là tout près de toi.

VIOLAINE

Est-ce qu'il est toujours en colère?

ANNE VERCORS

Il n'est plus en colère.

VIOLAINE, *elle lui met la main sur la tête.*

Bonjour, Jacques!

JACQUES HURY, *sourdement.*

O ma fiancée à travers les branches en fleurs, salut!

VIOLAINE

Père, dites-lui que je l'aime.

ANNE VERCORS

Et lui aussi, il n'a jamais cessé de t'aimer.

VIOLAINE

Père, dites-lui que je l'aime!

ANNE VERCORS

Écoute-le qui ne dit rien.

VIOLAINE

Pierre de Craon...

ANNE VERCORS

Pierre de Craon?

VIOLAINE

Pierre de Craon, dites-lui que je l'aime. Ce baiser que je lui ai donné, il faut qu'il en fasse une église.

ANNE VERCORS

Elle est commencée déjà.

VIOLAINE

Et Mara, elle m'aime! Elle seule, c'est elle seule qui a cru en moi!

ANNE VERCORS

Jacques, écoute bien!

VIOLAINE

Cet enfant qu'elle m'a donné, cet enfant qui m'est né entre les bras;

Ah grand Dieu, que c'était bon! ah que c'était doux! Mara! Ah comme elle a bien obéi, ah comme elle a bien fait tout ce qu'elle avait à faire!

Père! père! ah que c'est doux, ah que cela est
terrible de mettre une âme au monde!

ANNE VERCORS

Ce monde-ci, dis-tu, ou y en a-t-il un autre?

VIOLAINE

Il y en a deux et je dis qu'il n'y en a qu'un,
et que c'est assez, et que la miséricorde de
Dieu est immense!

JACQUES HURY

Le bonheur est fini pour moi.

VIOLAINE

Il est fini, qu'est-ce que ça fait?
On ne t'a point promis le bonheur, travaille,
c'est tout ce qu'on te demande.
Interroge la vieille terre et toujours elle te
répondra avec le pain et le vin.
Pour moi, j'en ai fini et je passe outre.
Dis, qu'est-ce qu'un jour loin de moi? Bien-
tôt il sera passé.
Et alors quand ce sera ton tour et que tu
verras la grande porte craquer et remuer,
C'est moi de l'autre côté qui suis après.

JACQUES HURY

O ma fiancée à travers les branches en fleurs,
salut!

VIOLAINE

Tu te souviens?
Jacques! bonjour, Jacques!

> *Ici entrent tous les serviteurs de la ferme,
> tenant des cierges qu'ils allument.*

VIOLAINE

Jacques, tu es là encore?

JACQUES HURY

Je suis là.

VIOLAINE

Est-ce que l'année a été bonne et le blé bien beau?

JACQUES HURY

Tant qu'on ne sait plus où le mettre.

VIOLAINE

Ah!
Que c'est beau une grande moisson!...
Oui, même maintenant je me souviens et je trouve que c'est beau!

JACQUES HURY

Oui, Violaine.

VIOLAINE

Que c'est beau de vivre! *(avec une profonde*

ferveur) et que la gloire de Dieu est immense!

JACQUES HURY

Vis donc et reste avec nous.

VIOLAINE, *elle retombe sur sa couche.*

Mais que c'est bon aussi
De mourir alors que c'est bien fini et que
s'étend sur nous peu à peu
L'obscurcissement comme d'un ombrage très
obscur.

Silence.

L'ANGÉLUS, *voix.*

1. *Pax pax pax*
2. *Pax pax pax*
3. *Père père père.*

VOLÉE

*Gloria in excelsis Deo et in terra pax homini-
bus bonae voluntatis
Laetare
Lae ta re
Lae ta re!*

*Anne Vercors va chercher Mara et l'amène
par la main auprès de Violaine en face
de Jacques Hury. De la main gauche, il
prend la main de Jacques Hury et l'élève
à mi-hauteur. A ce moment Mara dégage*

sa main et se saisit de celle de Jacques
Hury qui reste la tête baissée regardant
Violaine. Le père se saisit des deux mains
avec les siennes et en fait solennellement
l'élévation.

A ce moment seulement Jacques Hury
lève la tête et regarde Mara qui tient les
yeux durement fixés sur lui. Les cloches
sonnent.

EXPLICIT

CAHIERS PAUL CLAUDEL

DU MÊME AUTEUR

Aux Éditions Gallimard

Poèmes.

CORONA BENIGNITATIS ANNI DEI.

CINQ GRANDES ODES.

LA MESSE LÀ-BAS.

LA LÉGENDE DE PRAKRITI.

POÈMES DE GUERRE.

FEUILLES DE SAINTS.

LA CANTATE À TROIS VOIX, *suivie de* SOUS LE REMPART D'ATHÈNES et de traductions diverses (Coventry Patmore, Francis Thompson, Th. Lowell Beddoes).

POÈMES ET PAROLES DURANT LA GUERRE DE TRENTE ANS.

CENT PHRASES POUR ÉVENTAILS.

SAINT FRANÇOIS, *illustré par José-Maria Sert.*

DODOITZU, *illustré par R. Harada.*

ŒUVRE POÉTIQUE (1 vol., *Bibliothèque de la Pléiade*).

Théâtre.

L'ANNONCE FAITE À MARIE.

L'OTAGE.

LA JEUNE FILLE VIOLAINE (*première version inédite de 1892*).

LE PÈRE HUMILIÉ.

LE PAIN DUR.

LES CHOÉPHORES. – LES EUMÉNIDES, *traduit du grec.*

DEUX FARCES LYRIQUES : Protée. – L'Ours et la Lune.

LE SOULIER DE SATIN OU LE PIRE N'EST PAS TOUJOURS SÛR.

LE LIVRE DE CHRISTOPHE COLOMB, *suivi de* L'HOMME ET SON DÉSIR.

LA SAGESSE OU LA PARABOLE DU FESTIN.

JEANNE D'ARC AU BÛCHER.

L'HISTOIRE DE TOBIE ET DE SARA.

LE SOULIER DE SATIN, *édition abrégée pour la scène.*

L'ANNONCE FAITE À MARIE, *édition définitive pour la scène.*

PARTAGE DE MIDI.

PARTAGE DE MIDI, *nouvelle version pour la scène.*

THÉÂTRE (2 vol., *Bibliothèque de la Pléiade*).

Prose.

POSITIONS ET PROPOSITIONS, I et II.

L'OISEAU NOIR DANS LE SOLEIL LEVANT.

CONVERSATIONS DANS LE LOIR-ET-CHER.

FIGURES ET PARABOLES.

LES AVENTURES DE SOPHIE.

UN POÈTE REGARDE LA CROIX.

L'ÉPÉE ET LE MIROIR.

ÉCOUTE, MA FILLE.

TOI, QUI ES-TU?

SEIGNEUR, APPRENEZ-NOUS À PRIER.

AINSI DONC ENCORE UNE FOIS.

CONTACTS ET CIRCONSTANCES.

DISCOURS ET REMERCIEMENTS.

L'ŒIL ÉCOUTE.

ACCOMPAGNEMENTS.

EMMAÜS.

UNE VOIX SUR ISRAËL.

L'ÉVANGILE D'ISAÏE.

LE LIVRE DE RUTH.

PAUL CLAUDEL INTERROGE L'APOCA-
LYPSE.

PAUL CLAUDEL INTERROGE LE CAN-
TIQUE DES CANTIQUES.

LE SYMBOLISME DE LA SALETTE.

PRÉSENCE ET PROPHÉTIE.

LA ROSE ET LE ROSAIRE.

TROIS FIGURES SAINTES.

VISAGES RADIEUX.

QUI NE SOUFFRE PAS... (Réflexions sur le pro-
blème social.) *Préface et notes de Hyacinthe Dubreuil.*

MÉMOIRES IMPROVISÉS, *recueillis par Jean
Amrouche.*

CONVERSATION SUR JEAN RACINE.

ŒUVRES EN PROSE (1 vol., *Bibliothèque de la Pléiade*).

MORCEAUX CHOISIS.

PAGES DE PROSE, *recueillies et présentées par André
Blanchet.*

LA PERLE NOIRE. *Textes recueillis et présentés par André
Blanchet.*

JE CROIS EN DIEU. *Textes recueillis et présentés par
Agnès du Sarment. Préface du R. P. Henri de Lubac, S. J.*

AU MILIEU DES VITRAUX DE L'APOCA-
LYPSE. *Dialogues et lettres accompagnés d'une glose. Édition établie par Pierre Claudel et Jacques Petit.*

Correspondance.

CORRESPONDANCE AVEC ANDRÉ GIDE (1899-1926). *Préface et notes de Robert Mallet.*

CORRESPONDANCE AVEC ANDRÉ SUARÈS (1904-1938). *Préface et notes de Robert Mallet.*

CORRESPONDANCE AVEC FRANCIS JAMMES ET GABRIEL FRIZEAU (1897-1936) AVEC DES LETTRES DE JACQUES RIVIÈRE. *Préface et notes d'André Blanchet.*

JOURNAL (2 vol., *Bibliothèque de la Pléiade*).

ŒUVRES COMPLÈTES : *vingt-huit volumes parus.*

CAHIERS PAUL CLAUDEL :

*Cet ouvrage a été composé
et achevé d'imprimer par l'Imprimerie Floch
à Mayenne le 25 avril 1983.
Dépôt légal : avril 1983.
1er dépôt légal dans la collection : janvier 1972.
Numéro d'imprimeur : 20824.*

ISBN 2-07-036026-1 / Imprimé en France.

32001